史铁生

——

著

向往与疑难

史铁生书信精选集

大同出版传媒有限公司

深圳出版社

图书在版编目（CIP）数据

向往与疑难：史铁生书信精选集/史铁生著. —
深圳：大同出版传媒有限公司：深圳出版社，2024.2
　　ISBN 978-7-5233-0025-1

　　Ⅰ．①向… Ⅱ．①史… Ⅲ．①史铁生（1951-2010）
—书信集 Ⅳ．①K825.6

中国国家版本馆CIP数据核字（2024）第016499号

向往与疑难：史铁生书信精选集
XIANGWANG YU YINAN:SHITIESHENG SHUXIN JINGXUANJI

策划编辑：邓保群
责任编辑：张　斌　邓保群　韩海彬
装帧设计：北京锋尚制版有限公司
出　　版：大同出版传媒有限公司　深圳出版社
网　　址：http://www.grandunity.com.cn
E－mail：datongchuban2022@163.com
发　　行：大同出版传媒有限公司
地　　址：深圳市南山区卓越前海壹号T1座（邮编：518101）
联系电话：0755-61368295
印　　刷：深圳市福圣印刷有限公司
开　　本：880mm×1230mm　1/32
印　　张：8
字　　数：179千字
版　　次：2024年2月第1版
印　　次：2024年2月第1次印刷
定　　价：48.00元

目录

关于写作

写作，法无定法，

惟一不变的是向自己的心魂深处去观看，

去发问，不放过那儿的一丝感动与疑难。

其实，写作也就是为了这个吧——自珍，

自省，自我完善。

"我希望未来的写作是所有人的一期假日，原不必弄那么多的技巧，几十亿种自由坦荡的声音是无论什么技巧也无法比拟的真实、深刻、新鲜……"

以上这几句多年前写下的话，说明我与耀平兄神交已久，故将其谨献给《罗山条约》一书。

史铁生

二〇一〇年五月十二日

给李健鸣❶

之一

李健鸣：您好！

　　我正读刘小枫❷的一篇文章，谈卡夫卡的，《一片秋天枯叶上的湿润经脉》。其中有这样一段："这种受苦是私人形而上学意义上的，不是现世社会意义上的，所以根本不干正义的事。为这私人的受苦寻求社会或人类的正义，不仅荒唐，而且会制造出更多的恶。"我想，这就是写作永远可以生存的根据。人的苦难，很多或者根本，是与生俱来的，并没有现实的敌人。比如残、病，甚至无冤可鸣，这类不幸无法导致恨，无法找到报复或声讨的对象。早年这让我感到荒唐透顶，后来慢慢明白，这正是上帝的启示：无缘无故地受苦，才是人的根本处境。这处境不是依靠革命、科学以及任

---

❶ 李健鸣：友人，相识于90年代初，著名剧作家、翻译家。——编者注
❷ 刘小枫：友人，学者。——编者注

何功法可以改变的，而是必然逼迫着你向神秘去寻求解释，向墙壁寻求问答，向无穷的过程寻求救助。这并不是说可以不关心社会正义，而是说，人的处境远远大于社会，正如存在主义所说：人是被抛到世界上来的。人的由来，注定了人生是一场"赎罪游戏"。

最近我总想起《去年在马里昂巴》，那真是独一无二的神来之笔。

人是步入歧途了，生来就像是走错了地方。这地方怎么一切都好像中了魔法？狂热的叫卖声中，进行的是一场骗术比赛，人们的快意多半系于骗术的胜利。在熙熙攘攘的人群（或者竟是千姿百态的木偶）中走，定一定神，隐隐地甚至可以听见魔法师的窃笑。

我想起《去年在马里昂巴》，正像剧中人想起（和希望别人也想起）去年在马里昂巴那样，仿佛是想起了一个亘古的神约。这神约无法证实，这神约存在于你不断地想起它，不断地魂牵梦萦。但是中了魔法的人有几个还能再相信那神约呢？

"马里昂巴"与"戈多"大有关联，前者是神约是希望，后者是魔法是绝境。

我经常觉得，我与文学并不相干，我只是写作（有时甚至不能写，只是想）。我不知道写作可以归到怎样的"学"里去。写作就像自语，就像冥思、梦想、祈祷、忏悔……是人的现实之外的一份自由和期盼，是面对根本性苦难的必要练习。写作不是能学来的（不像文学），并无任何学理可循。数学二字顺理成章，文学二字常让我莫名其妙，除非它仅仅指理论。还是昆德拉说得对：任何生活都比你想象得复杂（大意）。理论是要走向简单，写作是走进复杂。

当然，写作与写作不同，有些只是为了卖，有些主要是为了写。就像说书瞎子，嘴里说着的一部是为了衣食，心里如果还有一部，就未必是大家都能听懂的。

我曾经写过：人与人的差别大于人与猪的差别。人与猪的差别是一个定数，人与人的差别却是无穷大。所以，人与人的交往多半肤浅。或者说，只有在比较肤浅的层面上，交往是容易的。一旦走进复杂，人与人就是相互的迷宫。这大概又是人的根本处境，所以巴别塔总是不能通到天堂。

现在的媒体是为了求取大众的快慰，能指望它什么？

性和爱，真是生命中两个最重要的密码，任何事情中都有它们的作为：一种是走向简单的快慰，一种是走向复杂的困苦。难怪流行着的对爱情的看法是：真累。大凡魔法（比如吸毒，比如电子游戏）必要有一份快慰做吸引，而神约，本来是困苦中的跋涉。

造罪的其实是上帝。他把一个浑然的消息分割进亿万个肉体，和亿万种残缺的境况，寂寞的宇宙于是有了热火朝天的"人间戏剧"。但是在戏剧的后面（在后台，在散了戏回家的路上，在角色放弃了角色的时候）才有真相。我怀疑上帝更想看的也许是深夜的"戏剧"——梦境中的期盼。深夜是另一个世界，那时地球的这一面弥漫着与白天完全不同的消息，那是角色们卸装之后的心情，那时候如果魔法中得不深，他们可能就会想起类似"马里昂巴"那样的地方，就会发现，每一个人都是那浑然消息的一部分，而折磨，全在于分割，分割之后的隔离。肉体是一个囚笼，是一种符咒，是一份残缺，细想一切困苦都是由于它，但后果却要由精神去担负。

那大约就是上帝的意图——锤炼精神。就像是漂流黄河，人生即是漂流，在漂流中体会上帝的意图。

爱，就是重新走向那浑然消息的愿望，所以要沟通，所以要敞开。那是惟一符合上帝期待的行动吧，是上帝想看到的成果。

还有死。怕死真是人类最愚蠢的一种品质。不过也可能，就像多年的囚徒对自由的担心吧，毕竟是一种新的处境。

病得厉害的时候，我写了一首小诗（自以为诗）：

最后的练习是沿悬崖行走/在梦里我听见/灵魂像一只飞蛇/在窗户那儿嗡嗡作响/在颤动的阳光里，边舞边唱/眺望即是回想

谁说我没有死过？/在出生以前/太阳已无数次起落/无限的光阴，被无限的虚无吞并/又以我生日的名义/卷土重来

午后，如果阳光静寂/你是否能听/往日已归去哪里？/在光的前端，或思之极处/时间被忽略的存在中/生死同一

至于这个乌烟瘴气的"现代"和"城市"，我真有点相信气功师们的说法，是末世的征兆。不可遏制的贪婪，对于一个有限的地球，迟早是灭顶之灾。只是不知道，人们能否及时地从那魔法中跳出来？

您的通信建议非常好，可以随意地聊，不拘规则。确实有很多念头，只是现在总是疲劳，有时候就不往下想了。随意地聊聊和听听，可以刺激日趋麻木的思想。只是您别嫌慢，我笔下从来就慢，现在借着透析就更慢。

问候钱老师[1]。

祝好！

史铁生

1998年11月14日

之二

李健鸣：您好！

我又写了几行自以为诗的文字：

如果收拾我的遗物/请别忘记这个窗口/那是我最常用的东西/我的目光/我的呼吸和我的好梦/我的神思从那儿流向世界/我的世界在那儿幻出奇景/我的快乐/从那儿出发又从那儿回来/黎明夜色都是我的魂灵

大概是我总坐在四壁之间的缘故，惟一的窗口执意把我推向"形而上"。想，或者说思考，占据了我的大部分时间。我不想纠正，因为并没有什么纠正的标准。总去想应该怎样，倒不如干脆去由它怎样。惟望您能忍受。

我还是相信，爱情，从根本上说是一种理想（梦想，心愿），

---

[1] 钱老师：钱瑜，李健鸣丈夫，译审，摄影家。——编者注

并不要求它必须是现实。

现实的内容太多，要有同样多的智谋去应对，势单力薄的理想因此很容易被扯碎，被埋没，剩下的是无穷无尽的事务、消息、反应……所以就有一种潇洒的态度流行：其实并没有什么爱情，有的只是实实在在的日子（换句话就是：哪有什么理想？有的只是真实的生活）。但这潇洒必定经不住迂腐的多有一问：其实并没有的那个东西，到底是什么？如果说不出没有的是什么，如何断定它没有呢？如果说出了没有的是什么，什么就已经有了。

爱情并非有形之物，爱情是一种心愿，它在思念中、描画中，或者言说中存在。呼唤它，梦想它，寻找它，乃至丢失它，轻慢它，都说明它是有的，它已经存在。只有认为性欲和婚姻就已经是它的时候，它消失，或者根本不曾出面。

所有的理想都是这个逻辑，没有它的根本不会说它，说它的都因为已经有它。

所以语言重要。语言的重要并不仅在于能够说明什么，更在于可以寻找什么，描画理想，触摸虚幻，步入可能。甚至，世界的无限性即系于语言的无限可能。

写作所以和爱情相近，其主要的关心点都不是在空间中发生的事，而在"深夜的戏剧"里。布莱希特的"陌生化"，我想，关键是要解除白昼的魔法（即确定所造成的束缚），给语言或思悟以深夜的自由（即对可能的探问）。要是看一出戏，其实在大街上或商店里也能看到，又何必去剧场？要是一种思绪独辟蹊径，拓开了生命的可能之地，没有舞台它也已经是艺术（艺术精神）。有，或者没有，这样的思绪在飘动，会造就两种截然不同的现实。

　　昨天有几个朋友来看我，不知怎么一来说起了美国，其中一个说："美国有什么了不起？我可不想当美国人。"另一个说："那当然，当美国人干吗？"这对话让我感慨颇多。当不当美国人是一回事，但想不想当美国人确实已经作为一个问题被提出、被强调了，事情就不再那么简单。比如，为什么没有人去考虑要不要当古巴人？或者，你即便声称想当古巴人，也不会在人们心中掀起什么波澜，或引起什么非难。所以，存在之物，在乎其是否已经成为问题，而有没有公认的答案倒可以轻视。

　　我也并不想当美国人，当然让我去美国玩玩我会很高兴，原因不在于哪儿更好，而在于哪儿更适合我。这都是题外话。再说一句题外话，有人（记不清是谁了）曾经说过：不可以当和尚，但不可以不想当和尚。此言大有其妙。

　　并非有形的东西才存在。想什么和不想什么，说什么和不说什么，现实会因而大不相同。譬如神，一个民族或者一个社会，相信什么样的神，于是便会有什么样的精神。所谓失神落魄，就是说，那个被言说、被思悟着的信仰（神）如果不对劲儿，现实（魄）必也要出问题。

　　三毛说"爱如禅，一说就错"，这话说得机灵，但是粗浅。其实禅也离不开说，不说怎么知道一说就错？"一说就错"只不过是说，爱，非语言可以穷尽。而同时也恰恰证明，爱，是语言的无限之域。一定要说它是语言的无限之域，是因为，不说（广义地说，包括思考与描画），它就没有，就萎缩，就消失，或者就变质。眼下中国人渐渐地少说它了，谁说谁迂腐，谁累。中国人现在少说理想，多说装修，少说爱情，多言性。中国人现在怕累，因为以往的理想都已落空，因为以往的理想都曾信誓旦旦地想要承包现实。

让理想承包现实，错误大约正从这儿开始。理想可以消失为现实，不可能落实为现实。理想的本质，注定它或者在现实的前面奔跑，或者在现实的上空飘动，绝难把它捉来牢牢地放在床上。两个没有梦想的人，不大可能有爱情，只可以有性和繁殖。同床异梦绝非最糟糕的状态，糟糕的是同床无梦。

我曾经写过：爱这个字，颇多歧义。母爱、父爱等等，说的多半是爱护，"爱牙日"也是说爱护。爱长辈，说的是尊敬，或者还有一点威吓之下的屈从。爱百姓，还是爱护，这算好的，不好时里面的意思就多了。爱哭，爱睡，爱流鼻涕，是说容易、控制不住。爱玩，爱笑，爱桑拿，爱汽车，说的是喜欢。"爱怎么着就怎么着"，是想的意思，随便你。"你爱死不死"，也是说请便，不过已经是恨了。

"飘飘欲仙"的感觉，在我想来，仍只在性的领域。性的领域很大，不单是性生活。说得极端些，甚至豪华汽车之于男人，良辰美景之于女人，都在性的领域。因为那仅仅还是喜欢的状态。喜欢的状态是不大可能长久的，正如荷尔蒙的分泌之有限。人的心情多变，但心情的多变无可指责，生活本来多么曲折！因此，爱，虽然赞美激情和"飘飘欲仙"，但并不谴责或遗憾于其短暂。当激情或"飘飘欲仙"的感觉疲倦了，才见爱之要义。

在我看来，爱情大于性的，主要是两点：一是困苦中的默然相守，一是隔离中的相互敞开。

默然相守，病重时我尤感深刻。那时我病得几乎没了希望，而透析费之高昂更令人不知所措。那时的处境是，有钱（天文数字）就可以活下去，没钱只好眼睁睁地憋死。那时希米日夜在我身边，当然她也没什么办法。有那么一段时间，我们只是一同默默地发愁，和一同以听天由命来相互鼓励。恰是这默默和一同，让我感到了爱的辽阔和深重——爱与性之比，竟是无限与有限之比的悬殊！那大约正是因为，人生的困苦比喜欢要辽阔得多、深重得多吧。所以，喜欢不能证明爱情（但可以证明性），困苦才能证明。这困苦是超越肉体的。肉体的困苦不可能一同，一同的必是精神，而默默，是精神一同面对困苦的证明。那便是爱，是爱情与性之比的辽阔无边，所以令语言力不从心，所以又为语言开辟了无限领域。

相互敞开。人不仅"是被抛到这个世界上来的"，而且是一个个分开着被抛来的。人的另一种（其实是根本的）困苦，就是这相互的隔离。要超越这隔离，只能是心魂的相互敞开，所以才有语言的不断创造，或者说语言的创造才有了根据，才有了家园，语言的创造才不至于是哗众取宠的胡拼乱凑。这样的家园，也可以就叫作：爱情。

性，所以在爱情中有其不可忽视的地位，就因为那是语言，那已不仅仅是享乐，那是牵动着一切历史（个人的，以及个人所在其中）的诉说与倾听。

我曾经写过：爱情所以选中性作为表达，作为仪式，正是因为，性，以其极端的遮蔽状态和极端的敞开形式，符合了爱的要求。极端地遮蔽和极端地敞开，只要能表达这一点，不是性也可以，但恰恰是它，性于是走进爱的领地。没有什么比性更能体现这两种极端了，爱情所以看中它，正是要以心魂的敞开去敲碎心魂的遮蔽，爱情找到了它就像艺术家终于找到了一种形式，以期梦想可以清晰，可以确凿，可以不忘，尽管人生转眼即是百年。

人大约有两种本性，一是要发展，二是要稳定。没有发展，即是死亡；没有稳定，则一切意义都不能呈现。

譬如"现在"，现在即是一种稳定。现在是多久？一分钟还是一秒钟，或者更长和更短？不，现在并没有客观的度量，现在是精神对一种意义的确认所需要的最短过程。失去对意义的确认，时间便是盲目的，现在便无从捕捉。

我想，发展是属于性的——生长，萌动，更新（比如科学）；稳定是属于爱情的——要使意义得以呈现，得到确认（比如信仰）。

所以不能谴责性的多向与善变，在任何人心中，性都是一团野性的风暴，而那也正是它的力与美。所以也不能谴责爱的相对保守，它希望随时建设一片安详的净土。同样的比喻也适于男性与女性。我不用"男人"与"女人"，意思是，这不是指生理之别，而是指生命态度——男性的态度和女性的态度。上帝的意思大约是：这两种态度都是必要的。所以，"金风玉露一相逢，便胜却人间无数"，那当然是不易的。不易，因而更要作为一种祈祷而存在。

这个话题显然没完，或者也许不可能完，慢慢说吧。

祝新年好运！己卯吉祥！

史铁生

1998年12月11日

给严亭亭❶

之一

亭亭：你好！

老想给你写信，又总是拖到晚上，可一到晚上就又累得不想动弹。现在打开电脑，找到"亭亭信"一栏，才发现上封信还是羊年春节后写的呢，现在已近猴年。真可谓猴年马月了。

实话实说吧，省得累。我不大会给别人的作品提意见。其实，别人给我的作品提意见，我也是不大听的。写作就像谈恋爱，你说，怎么能听别人的意见呢？我一直相信：听别人意见的写作，和听别人意见的恋爱，都不会有好结果。徐悲鸿有副名联：独执偏见，一意孤行——写作跟恋爱，是最需如此的两件事。记得当年在北戴河你推着我在海边走，那时我就跟你说过：坚持你自己的。其实，那既是说给你，也是说给我自己。但那时我就发现，你比我更

---

❶ 严亭亭：友人，相识于70年代末，作家，编剧，现居美国。——编者注

容易受别人影响，老是怀疑自己的对不对。后来我是被逼得没道儿了，爱怎么地就怎么地吧，想怎么写就怎么写了。你是一直都没被逼成这样，难免就把"别人会怎么看"想得多了。这么说吧：写作，甚至都不是谈恋爱，谈恋爱也可能会照顾着别人的眼光，比如父母呀，朋友的，以及在熟人眼里是不是光彩；写作压根儿是做梦娶媳妇，全是自己的向往，彻底与别人无关！你得把自己逼到这儿来，逼到梦里去。过去老说"深入生活"，把自己的梦扔一边，追着别人的梦走，那叫深入吗？

你最想的事，就进你的梦。

你最想写的，你就先写它！

我老跟瑞虎说：你能写！理由就两个：一是语言好，二是有想法。再加上无所谓别人怎么说，就全够了。很多曾经写得好、后来写不下去的人，全不是因为别的，一是因为思想枯竭，一是因为老想跟这世界上的什么什么对上眼。

上帝是和每一个人直接说话的。写作也是，一俟发现心里有话，不是说给时尚和别人的，是想说给上帝的，是想说给自己的，是想说给你想说给的人的，那就写。

我有个愿望：等我把现在写着的这个长篇写完（鬼知道能不能写完，能不能好），我就开始写些活着不打算给人看的话（还是太在乎别人了），也不管好不好，也不管对不对。

祝你全家年年好运，岁岁平安！

铁生

2003年12月28日

之二

亭亭：你好！

《二月》令人耳目一新，真是让我羡慕。羡慕那样的心境——既像第一场雪般地安恬，又像第二场雪那样深藏悲悯。文风自然跟随心境，所有的爱愿都不张扬，却流淌得比比皆是。与其说是那雪景衬托了心境，不如说是那心境，才让人感受到了雪的温润与"簌簌有声"。尤其那群孩子，和那一个隐忍而情深的男人，写得既简洁又令人回味。看见那样的孩子，听着他们的谈话，立刻就看见"窗外雪花飞扬"，感受到屋里面的融融暖意。

常见电视上有一句广告词："儿童智而中国智，儿童富而中国富。"怎就不见有一句"儿童纯真而中国纯真，儿童向爱而中国向爱"呢？

那群孩子和那一个男人，构成了一个真正的童话，现代或现实的童话，不是寓言，不是一种刻意的比喻，而是生活本身所固有的——正因其不确定，所以就更加广阔的——象征。这文章一看就是你写的，甚至可以说，非你莫能。我早就相信写作是宿命的。写作的根源，不在命里还能在哪儿？不从你的命中来又入你的命中去，它还能从哪儿来、到哪儿去呢？你的问题就是太轻看自己，倒让些真真假假的"宏大叙事"给吓住了。还得说"细微之处见精神"才是高品位。所谓"宏大"，一俟张扬倒要变小，惟浸润在日常之中才更见其深厚。

现在我才想到，前几年你给我寄来两篇文章，我没说什么，这件事可能给你造成了多么不必要的障碍。其实，我没说，只是觉得那是你一向的文风与关注，也再说不出什么，并不意味着不好。写作，法无定法，惟一不变的是向自己的心魂深处去观看，去发问，不放过那儿的一丝感动与疑难。其实，写作也就是为了这个吧——自珍，自省，自我完善。政治才以服务大众为宗旨，法律才要顾及所有的人，商业才要关注专利。写作最像恋爱，有谁为别人恋爱吗？伍尔芙有过一段精彩的话："对于那些为了公共事业而做出自我牺牲的人，我们应当尊敬他们，赞扬他们，对于他们不得不让自己受到的某种损失表示同情。但是，谈到自己，那就让我们避开名声，避开荣誉，避开一切要向他人承担的职责。让我们守住自己这热气腾腾、变幻莫测的心灵漩涡，这令人着迷的混沌状态，这乱作一团的感情纷扰，这永无休止的奇迹——因为灵魂每时每刻都在产生着奇迹。"

你就这样一篇一篇地写吧，不必朝两边看。

我正读着一本杜拉斯的书，叫《写作》。其中有这么一段话："写书人和他周围的人之间始终要有所分离，这就是一种孤独，是作者的孤独，是作品的孤独……这种身体感受到的孤独变成了作品不可侵犯的孤独。"

命运，就在那儿，原原本本丰富无比，它才不在乎什么流派和风格呢！走进它，贴近它，就会发现，它比那些所谓的宏大要宏大得多。

祝全家好！

铁生

2006年6月10日

给HDL[1]

HDL：你好！

　　一直在写那个长篇，没及时回信。现在终于写完了。是"完了"还是"完蛋了"尚不一定，但不管是什么，总可以先不想它了。

　　就像"完了"和"完蛋了"都由不得我一样，在写这长篇时，我有一个突出的感受：写什么和怎么写都更像是命——宿命，与任何主义和流派都无关。一旦早已存在于心中的那些没边没沿、混沌不清的东西要你去写它，你就几乎没法儿去想"应该怎么写和不应该怎么写"这样的问题了。这差不多就像恋爱，不存在"应该怎么爱和不应该怎么爱"的问题。写作和恋爱一样是宿命的，一切都早已是定局，你没写它时它已不可改变地都在那儿了，你所能做的只是聆听和跟随。你要是本事大，你就能听到得多一些，跟随得近一些，但不管你有多大本事，你与那片没边没沿的东西之间都是一个无限的距离。因此，所谓灵感、技巧、聪明和才智，毋宁都归于祈

---

[1] HDL：作家。——编者注

祷，像祈祷上帝给你一次机会（或者一条道路）那样。所以大作家的才能被叫作天赋。我没有天赋，或者没有足够的天赋，这不是可以埋怨的事，但安贫乐命之中似乎也听见一点什么，便作为动笔的理由。

（顺便说一句：LX**❶**听见了什么和在跟随什么，是别人不知道的，所以别人不要指挥他，他也不要听别人指挥。在宿命的写作面前，智力本来用处不大，别人的智力就更没什么用。所谓大狗小狗都要叫，真是上帝给人间的最佳劝告。据此，什么狗都可以有信心了。何况LX很可能是一条大狗，或者品种极为难得的一条纯种狗。）

那些没边没沿、混沌不清的东西是什么呢？如果"灵魂"这个词确是有所指的话，我想那就是灵魂了吧，否则真不知灵魂到底是什么了。我的那个长篇中有几句话，在电脑上把它搬来倒也方便：

你的诗是从哪儿来的呢？你的大脑是根据什么写出了一行行诗文的呢？你必于写作之先就看见了一团混沌，你必于写作之中追寻那一团混沌，你必于写作之后发现你离那一团混沌还是非常遥远。那一团激动着你去写作的混沌，就是你的灵魂所在，有可能那就是世界全部消息错综无序的纺织。你试图看清它、表达它——这时是大脑在工作，而在此前，那一片混沌早已存在，灵魂在你的智力之先早已存在，诗魂在你的诗句之前早已成定局。你怎样设法去接近它，那是大脑的任务；你能够在多大程度上接近它，那就是你诗作

---

❶ LX：作家。——编者注

的品位；你永远不可能等同于它，那就注定了写作无尽无休的路途，那就证明了大脑永远也追不上灵魂，因而大脑和灵魂肯定是两码事。

于是就有一个挺有趣的问题了：是聆听者和跟随者是我呢，还是那些被聆听和被跟随的东西是我？人有大脑，又有灵魂——这是一个古老而又常新的命题。我想：很可能，聆听者和跟随者是我的大脑，被聆听者和被跟随者就是我的灵魂。也就是说，写作就是大脑去聆听和跟随灵魂的时刻。至于白纸黑字，那不过是手或者打印机的功劳（打印机会发热，手会出汗，打印机会出故障，手会得腱鞘炎，等等）。

我想，历来的好作品无不是这样聆听和跟随的结果。当然，这样的聆听和跟随并不为好作品打保票，因为大脑的优劣也不可忽略——这就是所谓"本事"了。但是大脑差不多也是一个定局，或只可做些微改善。因而，写作之路主要就是这样的聆听和跟随了，人所能为者也就只有它了。但是，所能或所为，千万别在这样的聆听和跟随之外发展。在这之外的发展，不管多么漂亮（多么轰轰烈烈的主义或者多么新颖的流派），大约也只是书写或编纂。这样的聆听和跟随之外，必然是追逐潮流，膜拜"样板"，和监听市场信息。一旦大脑只被大脑使唤着，制造就要代替创造，当然制造量一定会比创造量高，花样儿也容易多。因为创造肯定要在人智未至之域，依我想就是那片没边没沿、混沌不清的东西——灵魂的幽暗处。大脑跟随它到那儿，一切都像洪荒未开，激动得你满心思绪却又默然无语——这就是写作者叼着笔在寻找语言的时刻，这样的时刻才可能有创造。灵魂用不着我们创造，那是上帝的创造，我们的创造是去接近那片东西，也可以说就是去接近上帝。尤其当我们发现这接近是永无止境的距离时，真正的写作才可能发生。

你上次说到"先锋与传统的结合才是写作大有可为之地"——大意是这样吧？我非常同意。"先锋"并不是固定的一种风格、流派、技巧，而是对未开垦（未知、未发现）之域的探问激情。"传统"当然也不是固有的一种或几种风格、流派和技巧，而恰是对灵魂的来路和去处的关注，是接近上帝的心愿，又是对永恒距离的接受，这些自打人成为人那天起就一直有，所以谓之"传统"。"先锋"的探问激情若仅仅对着古往今来发生在空间里的未知事物，就差不多离开了文学，离开了传统，离开了根。"传统"若画地为牢，就差不多像是将死的老人一心只求长寿，再看不惯青年人忘死的热恋了。事实确是如此：老化的征兆，正在于这探问激情的衰退，而年轻的先锋又容易被空间中的新奇牵引得到处乱跑。这作为一个人或一个作者，都无可厚非，甚至是一种必然，大惊小怪倒是不必。但文学若总在这两端跳，就不像什么好事。最可期望的是：文学永葆它的探问激情，同时又总是向着那一片无边无际、混沌不清的灵魂领域。正因其无边无际和混沌不清，这探问才永无止处，激情也才不会衰退。

我不能在空间里随心所欲地到处去跑，不过我并不是因此而不赞成"被空间中的新奇牵引得到处乱跑"，我其实是非常想到空间的新奇中去乱跑的（去不去得成是另外一回事）。我只是说：不管你是否在空间中乱跑，不管你的空间是大是小，不管那儿有或没有，以及有多少新奇的事，文学也主要是发生在心魂里的事，尤其是发生在心魂中一直被遮蔽之处的事。发生在心魂里的事，似乎仅仅用"发生"这个词就不够了，要用"发现"。因为，如果心魂没有发现它，它就等于没有发生。而发现，必定是由于传统的精神关注和先锋的探问激情，否则，心魂被遮蔽处的事就很难被发现，文学就只好到心魂之外的空间中去乱跑了。

我不大爱看仅仅发生在空间的故事，那样的故事全世界每天不知要发生多少，似乎与我关系不大。记得有人挖苦作家说"把人家的事写一遍，还跟人家要钱"，这挖苦挺公道。我想，其实没有一篇好作品是纯粹写别人的，而只可能是借助很多发生在空间中的别人的事，在写发生在自己心里的事，准确说是发现早已存在于自己心里的事。

我有时想：若是世界上只有我，我心里大概就什么事也不发生，甚至干脆发现不了我自己。我心里之所以有所发生或发现，就在于这世界上还有别人，在于我与别人相关。所以，其实也没有纯粹写自己的作品。我有时想：心魂和心魂一向是联通着的，在那片混沌之域各居一隅，但是并不隔离。是大脑把人隔离的（就像一个个286、386、486未能联网），当大脑受到膜拜之时，人为肉体和灵魂都穿上衣裳——棉、绸的织品，或语言的遮蔽。不过这处境并不值得厌弃，这恰是写作出发的地方，别忘了去哪儿就好。

删除大脑（删除上帝的游戏机）怎么样？像有些参禅悟道者主张的那样，断灭一切智识，人人都去成佛，不好吗？我总觉得这不大可能。我总以为灵魂或者佛性必不是一处固定的所在（或者宝座），它是一个动词，它只在一条行走着的路上，只有在接近它而又永远走不到它时，它才呈现。这不是删除大脑（把众生都删除成傻瓜）所能办到的。可是对大脑的膜拜又总是让人走进歧途，因为只是智力这么活着、嚷着、比赛着，智力终有一天要聪明到发现这处境的无味。我有时想：上帝把人隔离，原是为了人的团聚，上帝弄出几十亿大脑就是为了让我们有办法去跟随灵魂，上帝弄出各种互相不能听懂的语言正是为了那座通天塔的建造。要是人人都已成佛，或者给人一座现成的通天塔，人可还往哪儿走呢？无处可去，灵魂倒要消散了。（其实，正是一个个脑细胞的互相联通、互相的往来投奔，才使灵魂成为可能的吧。）

越说越远了。本来是想给你写封信，却正儿八经地又像是做起文章来了。主要是有些乱七八糟的想法，想说说。主要是觉得很多文章竟是在灵魂之外的操作。操作是一个时髦用词，看来，大脑一旦只对着大脑发狠，必会选中"操作"这个词的。

你上次讲的，我觉得句句在理。你靠直觉，那就是天赋。你只差一写，虽然写起来也得费点力气——费点大脑。我是更多地用脑的人，这不是天赋。有两种人，一种是生来有悟性（直觉，或者叫通灵性），另一种是，命运把他扔在一个使他不得不想一想灵魂问题的地方，我是后者。

还有一句话要说：你所感受到的困苦，我都懂。懂，于是就不必多说。但是在写作中是不能绕开那些困苦的，因为灵魂正是在那些困苦的地方。

问候LX。问候你们的女儿。

即颂

大安！

史铁生

1995年7月10日

给陈迈平❶

迈平：好！

　　寄去的照片已收到了吧？从瑞典回来，昏睡数日。现在回忆起
来，就像回味一个梦。我和希米都觉得，惟"童话"一词可概括我们
的瑞典印象；当然那也许并不真是一个童话，但一回到中国，它确实
只有童话的意义了。我对问到我的人说：我只是去证实了一下，地球
上确有那么一块美如童话的地方，在那个童话里甚至连大灰狼都没
有；但这个童话离我们太远，远到与我们几乎没有关系。在瑞典时，
我最大的"伤感"——你信中总用到这个词——就是，那是中国可望
而不可即的。大约对整个地球来说，那也是可望而不可即的。也许那
只是上帝的一块保留地，作为一个梦想的模型。我真是希望这个模型
不遭篡改，不要颓败，至少使"可望"能够永久成立；至于"可即"
与否，那彻底是上帝的事——我想瑞典人未必是这样想。实际上，人
所能肯定的只是自己怎样想，以及别人未必是跟自己一样想。"沟
通"也是如此，还有"我们"，都是一个必要的梦想或童话。人所希

023

---

❶　陈迈平：作家，翻译家，70年代末《今天》杂志编辑部成员，现居瑞典。——编者注

望的东西，必不是已经成为现实的东西；人所长久企盼的东西，必是永远不可实现的东西。（所以，在要求共识的时候，我写下了那句废话——"沟通是人与人之间永远的欲望，欲望是人与人之间永远的距离。"）这也许就是"务虚"吧。这也许还说明"务虚"的不可能完结。"沟通"之倡导的最好结果，就是发现：阻障，简直就像求生一样顽固。除去在一个虚渺、魅人的梦想里，哪儿有什么实际的"我们"？在整个那个讨论会上，我最深刻的感受就是：谁也没有真正听懂谁的话，在每一个词上都发生不止一个误解，而这些误解又是解释不清的，因为在解释的过程中，必定又会在你逃避不开的用词上发生同样多的误解。确实，人们一直都是在解释的路上，而且这条路没有尽头。我常常这样想：并不是我们在走路，而是路在走我们，就像电路必要经由一个个电子元件才成其为一个完整的游戏。上帝在玩"电路"，而每一个人看那游戏，都有不同的指向或意味。于是写作大概也是这样，惟一的共识只是这条路的没有尽头，而每一个路口都是一个特殊的个人的命运，其不可替代性包含着相互不可彻底理解的暗示。但这绝不是说"沟通"和"我们"是不必要的。倘不可能就是不必要，人就真的成了一个个电子元件。其实，把前面的一句话反过来说，就是：不可能的，才是人所希望的。而希望是必要的（也就是梦想或者童话的必要）。这样，瑞典之行的童话意义才算全面了。我真是感动于那些瑞典人，孩子一样地拿出钱财来，只是要买一个梦，做成一个"沟通"与"我们"之梦。我真是希望自己也能够总是这样梦想。（总能够这样梦想，是否就是梦想的实现呢？）

　　但是，大梦的永不可圆，是因为梦想是残疾的呢，还是因为现实是残疾的？我心里盼望的逻辑是：现实是残疾的，梦想可以使其健全（人的肉体因其有形有限，总是残疾的，而人的爱欲——"沟通"也好，"我们"也好——是追踪上帝之健全游戏的惟一机会）。而理智告诉我的逻辑是：梦想是残疾的，加上现实才是全部。

比如你说的"在一个村子里出了一个恶霸"的问题，这是我自那天之后常常拿来想一想的问题。我觉得这里面好像恰恰包含了"叛徒"的问题，就是说，我觉得这个问题一直还是个问题，也许只是在极其局部的时间和地点已经解决了。而且在那样的时间与地点，我想，即使还有恶霸，但恶霸的逻辑肯定已不再是全面通行着的了。事实上，没有一个村民是不想铲除恶霸的，只是不敢，都不敢于是便不能。但是，不敢却又自责，自责却还是不敢，从而至于自卑与苟活。而这既然可以是一种现实，肯定就含着更多的值得想一想的东西。反抗因而也就不是那么简单，不像正义与良心的旗帜那么简单。停留于自卑与苟活，确实是可耻。但对于恶霸威势下的村民，施之以"叛徒"的威胁和惩罚，其方法中是否也包含了恶霸的逻辑呢？是否表明恶霸的逻辑可以在不同的旗帜下（因而就可能是全面地）通行呢？我是说，在这种逻辑潜移默化地全面通行的时间与地点，铲除一个具体的恶霸又有多少意义呢？在人的软弱（本性或者现实，因而也可以说是一种权利）于虎狼之间同样不予以重视的时间和地点，恶霸的产生是不会有终日的。我想，"叛徒"逻辑的消失，可以说是恶霸消失之果，也更可以说是恶霸消失之因。（当然，我指的叛徒，绝非为了一袋银币而陷他人于不利者——这种人或许更应该算恶霸，而不应该算叛徒。我指的是，为逃虎穴却又陷狼窝的那种人的处境，或者说：人的那种处境。）但是对这个问题，我真的是很迷茫，得不出一个满意的结论。

梦想的残疾，还有一条，就是尼采说的"权力意志"：人人都想把自己的梦想树为全球的旗帜。所谓"我们"，常常是由我及们（我→们），我而们之，这是好梦常遭篡改的基本原因。这个词也许应该颠倒过来：们我。说到写作，权力意志就更加明显：写作当如此，不当如彼，如此者当昌，如彼者不如早早灭之。骨子里的本性，是"我们"最大的困境。幸好是写作，要是变成了权力呢？尤其是在特别耀眼的旗帜下呢？我总觉得，应该从理论上把写作降格：它只是个人的沉思默想（当然，像共识中说的"与他人相关"），绝不是对他人的干涉与塑造，让雄心之推行在这儿变成慈爱之思索与祈祷。——当然，这又是不是一种推行的欲望呢？人总是要落进悖论里去，比如：我们是在悲绝之地强为乐观，在虚无之前关心现实，在人性恶上企图行善。——在这样的位置上，尤其需要梦想和童话，无论是"沟通"还是"我们"，也无论这是不是很脆弱。

老友们都是这样问：迈平变样儿了吗？我回答：脸上多了几道纹儿而已。问：他的太太什么样儿？答：唉，稀里糊涂地竟没有与安娜❶合影。问：他的儿子更像中国人，还是更像瑞典人？答：中国人看他是瑞典人，瑞典人看他大约还是瑞典人。大家于是得到共识：瑞典人与中国人（在这方面）的观念不一样。我给这共识提供证据：瑞典有一百三十多个民族，比口国多几倍。

我和希米、徐晓、老鄂❷问候你和安娜！问候安德列亚斯❸和他的弟弟！

铁生

1996年8月12日

---

❶ 安娜：陈迈平的妻子。——编者注
❷ 老鄂：鄂复明。友人，编辑，70年代末《今天》杂志编辑部成员。——编者注
❸ 安德列亚斯：陈迈平的儿子。——编者注

给杨鲁勇[1]

之一

鲁勇：你好！

收到了你的信和你的小说。

我也是在学习创作，不敢妄为人师。但在瘫痪方面，我的历史是你的十二倍，可以介绍一点经验。我最想提醒你的是：灾难开始了，而且是刚刚开始。不知我这样说是否过于坦率了？但我想，人应该有勇气承认现实。你还得加倍做好精神准备，等着迎接各种困难和痛苦。做的准备越多，困苦来了你就越有办法，不至于惊慌失措。譬如，你现在选择了写作作为你的事业，何以刚刚开始就惊呼"失败+失败+失败……"了呢？别说一年，十年八年地写而无发表机会者亦大有人在！现在还不能说失败，不可以一年之期论英雄。就是说，你即便发表了一两篇，也不能说你成功了，你半篇都没发也不能说你失败了。

---

❶ 杨鲁勇：读者。——编者注

面临今后严峻的日子，真正的成功是什么呢？一言难尽，盼你深思！发表一两篇作品救不了我们伤残人，上一上报纸和电视对我们伤残人来说其实也≈0。至于什么能救我们，我一下子说不好，可以说是我们自己对生活的彻悟（这样说又太玄了），也可以有别种说法，比如你自己的勇气和智慧（这又太抽象）。我实在很难概括，总之你要准备好迎接一切困苦，一息尚存就要抗争下去，我们真正是人生的赤贫者，没什么再可怕的了，不会有更坏的命运了，剩下的事只有和命运之神周旋！千万不要抱希望于一两篇小说的发表。

《天鹅》的主要问题就是写得太急了，急于把自己一时的感受写出来。很多事，尽管令人激动，对作者来说，也必须让它冷却一下。你这篇小说中的所有因素我都太理解、太熟悉了。但我觉得你还没有冷静下来，还不能全面思考，因而角度不够新，立意也不够深。语言上、结构上都还有些问题，如：关于人与兽的斗争一点，就空得很。要多读些古今中外的好作品，尤其要精读，要分析人家的手法，"工欲善其事，必先利其器"，艺术不是技术，但技巧之类无疑也是重要的。写作≠写+作，写作是"厚积薄发"。总之，别急着写，要多思考，沉住了气，扎扎实实，一步一个脚印走下去，未来才有希望。

我不善于给别人的作品提具体意见，对你的《天鹅》也是。

当你对生活有了更深的理解，对艺术、小说手法等更了解之后，你会发现写并不难。

你的《天鹅》的一大优点是"人性与兽性"的斗争，然而又恰恰是这点写得太空泛。

我说得坦率，你不要灰心、失望。你能这么快基本上过了"失恋"关，我很佩服，现在又面临事业关，此一关亦非常难，尤其对我们来说，非常难又非常重要。

走吧！干吧！还是那句话，没什么可怕的了，命运不会更坏了，只可能更好！

祝你成功！

史铁生

八四年元月二十日

之二

鲁勇：你好！

《解脱》有两个大缺点：

1. 正如你担心的——"图解政策"。说"图解政策"不准确，但类似，不如叫图解意念。时代感是什么，久有争论，几句话难于说清。（你可以找些文艺理论及评论方面的书看看，并且看看古今中外的好作品中的时代精神都是怎样表现出来的。《牛虻》《钢铁是怎样炼成的》中的时代感你大概很清楚，那么《安娜·卡列尼娜》呢?《阿Q正传》呢?……所以我建议你慢写，多看、多思考。）但有一点很易说清楚，即：时代感与"目前形势和我们的任务"一类的条文不是一回事。这也就是为什么文学是文学、新闻是新闻的原因。这些信中写不清，写清够写几本书的。盼你多看看书，文艺理论方面的。

另外，把关于"存在主义"及异化之类去掉。我想，你可能并不十分清楚存在主义吧? 对于还不清楚的东西，先不要给予褒贬。你的小说中的男主人公并不见得与存在主义有什么关联，在存在主义流入中国以前，此类人物就有了。譬如，有些人把一些青年犯罪的原因归咎于思想解放，可是在思想禁锢的"四人帮"时代，青年犯罪者不也是很多吗？要对很多事有自己的、清楚的判断，这是写小说的最重要的前提。文学作品的艺术性重要，但思想性更重要，当然也不是图解思想。

2. 结尾，又出了个莉莉，讲一些作者需要讲的事，这在小说技巧中是个大忌。不能使人物成为作者表达主题的工具，作者更应该为人物服务。

此篇的优点是：

女主人公在巧遇男主人公后的心理矛盾、冲突。你应该在这书信方面多写，写她怎么看待此人此事，从中得到一些思想上的升华也好，揭示一些生活中的问题也好，表现一些人心中的矛盾也好，都可以，且都可以很有意义的。惟独不能像现在这样——现在你说达到了一个什么目的呢？无非是揭发了一个平庸的坏蛋。如此而已，既不能使这样的人变好，也不能使读者深思些东西。譬如：这个汉杰为什么会这样呢？写一个坏人，无意义，而写一个人如何变成坏人，则有深意。

还是那句话，不要着急写，欲速则不达。有人把写作比喻为建一座塔，塔基越大，塔越可能建得高，倘只有一块砖的塔基，即便摇摇晃晃勉强垒上去，也难免毁于一阵风的。

信写得很随便，不怎么太推敲的，故不要给编辑部发表，尤其此信关于存在主义的部分，这是个敏感问题，我们都不是搞哲学的，随便说说而已。

写得潦草，请原谅。

祝好！

史铁生

八四年二月二十三日

给山口守❶

山口守：

　　您好！信收到。

　　从您讲课的角度看，这个计划当然挺有趣。但是我最不会讲课（别说讲课了，连在大学里听课我也没有过），又最害怕做报告。今年5月，应王安忆❷之邀，我去复旦大学和中文系的学生们做了一次交谈。这完全是王安忆为了成全我去一趟上海而苦心安排的。事先我反复强调：是交谈，不是讲课，更不是报告。实际上我只讲了五分钟，算是开场白或自我介绍，然后就是由学生们提问，王安忆和马原帮我一块儿回答。我想，北大的事，如果也能取此种方式——即严格意义上的交谈，也许我还能应付，否则我怕要晕场的。

　　其实我对文学很少研究，写的东西也没规没矩的；我总认为我并不是一个严格意义上的作家，只能算个写作者。我的写作——在

---

❶ 山口守：友人，日本汉学家，史铁生作品的日文译者。——编者注
❷ 王安忆：友人，作家，现居上海。——编者注

上海的那次交谈中我也是这样说——只有一个动因，即：对我来说生命就像一场冤案，生活总是存在疑难，因而不得不多想一想，把想的变成字，就成了写作。我很少研究写作技巧、文学流派或种种主义，不能对研究文学的人和也想写作的人有什么帮助。——倘若大学生们有兴趣跟这样一个人聊聊，不拘范围，不存奢望，尤其不要把场面弄得太严肃、太隆重、太张扬，那样的话我们倒是可以试试。还有：您说"我们两个尽量少讲，请你们两位多讲"，不知残雪❶意下如何？我的意思是相反，或者平均。三五个人时，我还会说些话，人一多就不知说什么。

我还在按部就班地透析，感觉比以前好多了。时间倒是有，惟精力不济，因而工作效率极低。那个长篇还在二十万字左右徘徊。

我一直以为东京也是北方，整个日本都是北方，怎么也有梅雨季节？真是孤陋寡闻。10月北京再见吧。

祝一切顺利！陈希米也问您好！

史铁生

2004年6月24日

---

❶ 残雪：作家。——编者注

给章德宁[1]

章德宁：你好！

033

看来我还是干不了你给的活儿。主要是因为，我从未针对某一篇小说有过研究。我天生不是做学问的料。我读过的小说本来就少，况且都是得鱼忘筌。我看小说，主要是看方式，看角度，准确说是看作者的态度，或位置。所以经常是看个开头就够了。我对故事（或事件）没兴趣。语言呢，我更以为不是可以研究和学到的——尤其是对写小说的人而言。语言的风格（其实也是限制），在于个人的性情，实在说是天生的。而语言的可能（即发展、潜力），则在于写作者的态度、写作者把自己放在怎样的位置，以及想象力的丰沛还是贫乏。而想象力，很可能又联系着荒诞感，比如说：一个活得得心应手之人，和一个命途多舛之辈，其想象力的方向自然是会有不同的。在我看，这些都不是靠钻研文本可以得到的，要靠培养，自我的培养。好比一个演员，有过一次成功的表

---

❶ 章德宁：友人，时为《北京文学》杂志社社长。——编者注

演，便把这技巧拿到以后所有的角色上去用，岂能有好结果？写作，尤其是小说，真的每一次都是第一次，拿经验来对待它是不行的。就像每个人都是独特的。恨不能是这样说：经验，恰恰是写作者要千方百计去摆脱的；然而又很难摆脱，这便是限制。写作的困苦就在于这个限制，写作的趣味就在于破这个限制；其实活着，也全是这么一回事。博尔赫斯说过这样的话，大意是：世上所有的事，都是一件事的不同侧面。

　　所以，这活儿我就算了。要是你愿意，我倒是可以说说我对小说（或写作）的理解，泛泛地说，不单针对哪一篇。不用别人，咱俩说就最合适。说好了你拿去用，说得不好只当聊了一回闲篇儿。对不起了。

　　祝好！

史铁生

2004年6月29日

给阎阳生[1]

阳生老兄：好！
　　我实在是帮不上你的忙。原因有三：

　　1. 六六年我刚满十五岁，智性未开，整天就知道玩，对"红卫兵"的来龙去脉几近一无所知；及至毛泽东接见了，才觉事情有些严重或伟大，然而出身不济，也便只好羡慕加旁观。说实在的，到现在我也没弄清那都是怎样发而展之的。所以我倒真是盼着你的书出来。

　　2. 写作一事，千差万别，各人有各人的优势（或关注点），惟扬长避短才有好效果。写"清华附中"的那段历史，非我之长，而你恰是责无旁贷。

　　3. 刚刚写完一个长篇，实在是太累太累。还有些东西想写，

---

[1] 阎阳生：清华附中校友。——编者注

也只好先放放。这个长篇写了三年，连看书的时间都挤掉，这一两年我该读读书了。

建议也有三：

1. 多写史实，少写态度（价值中立），一切留给后人评说。

2. "价值中立"其实也难，那就让各种态度自由表达吧——比如你那天说的：采访一百个人。就是说，一方面由你来调查、核对、陈述历史，一方面反映各方人士（对那段历史）的态度。当然，意见越多不同就越好——还是"价值中立"。

3. 所采访的对象，今天都在干什么，想什么，也可以写。总之是这一代人，他们的今天和未来，不可能跟那段历史没关系。

你怎么忽然变得自信不足，谦虚有余了呢？写作这事，依我的经验看，重要的是四个字：诚实，善思。然后像财迷攒钱那样，一点一点去积累，写，同时持一份"只问耕耘，不问收获"或"成功不必在我"的心情。

祝一切顺利！（赶紧落笔，一旦把自己陷进去，就只剩下成功了。）

史铁生

〇五年七月十四日

给姚育明[1]

姚育明：好！

我刚刚写完一个长篇，用了三年，三年中别的什么都没写。我现在精力非常有限，一星期最多有十二小时——不透析的四天中的上午，可用于写作。所以手头没有任何东西可以给你。一定要编就编本薄的吧，或者无限期地拖一拖也可以。

回答问题：

1. 我动了写作的念，大概是在1975年。因启蒙老师是位导演[2]，先中了电影的魔，开始写一个剧本，虽自以为颇具"反潮流"思想，其实仍逃不出"文革"模式。当然没能成功。1978年开始写小说，第一篇叫《兄弟》，发表在西北大学的文学期刊《希望》上（此刊只出了三或四期）。最早被正式刊物选中的小说是《法学教授及其夫人》，发表在《当代》1979年第2期。

---

❶ 姚育明：友人，时为《上海文学》编辑。——编者注
❷ 指友人柳青。——编者注

2.《毒药》是我在《上海文学》发表的第一篇小说，现在跟当时的看法一样：很一般很一般，得奖实属侥幸。80年代的写作比现在容易出名，这说明着进步——现在的普遍水平较高，也隐含着一种悲哀——即中国文学一度的沉沦。

3. 这本集子里，比较好的是《我与地坛》，原因是其他的比之不如。《记忆与印象》中的几篇也还可看，原因是新近写的，但愿不是"与时俱退"。

4. 我的写作题材实在是非常狭窄，毫无疑问，是与我的阅历紧密相关。除了在"广阔天地"里串了一回"联"，喂了三年牛，剩下的时光我都是坐在（或睡在）四壁之间。这样的人居然写作！——对不住啦，某些文学理论。

5. 我在另外的文章中写过：我的创作，第一是为了谋生，第二是因为虚荣，两者都有了居然还不满足，这才发现了荒诞。荒诞就够了吗？所以还在写。

6. 完全彻底没有原型的人物，就像完全彻底脱离了人间的叙事，是不大可能的。处理方法嘛，既可遵循古今中外已有的一切方法，亦可遵循古今中外尚无的一切方法。是的是的，明显的真理都像废话。

或者这样说吧：文学给我们提供的，不是挤满了方法的仓库，而是一片无边无际的空，要你为它添加一点有意义的声音；有意义但又不是老生常谈，不是老生常谈却又离不开人一向的处境。乐观地说：人可在那儿，以有限的脚步做无限的行走；悲观地说：无论你走到哪儿，前面还是无边无际的空。乐观与悲观夹击，心里难免会生出一点询问着意义的声音——心里生出的声音和书上读来的声音，可真是不一样啊！这声音会死吗？古往今来多少人死了呀，文学却还活着。那就让这声音无限地伴随我们的行走吧，死也未必是它的尽头，虽然有时它会昏迷。

7. 近年来，对我影响最大的作家是刘小枫。让我说，学者、哲人也可入作家列，尤其应该得到诺贝尔文学奖的关注——它为啥不设哲学奖呢！对我影响最大的作品，是刘小枫所写、所译、所编的诸多书文。以我的孤陋寡闻，看现今的文学批评，刘小枫的《圣灵降临的叙事》实在是成就最高的一部。

8. 成功的含意有二：一是自己满意，一是排行榜说好。同时做到这两点真是很难。我常被很多别的事所诱惑，但想想，都做不来。

9. 不为钱累，才可能写好文章，才可能办好文学刊物。不过，穷人写出好文章的例子古今不乏，但穷人办好刊物的有吗？想法子找钱去吧，《上海文学》！说不定会有1~N位既有钱，又懂得"别指望文学能赚钱"的人会支持你们。

祝您和您的同事们好运！

史铁生

2005年7月15日

给冯丽[1]

之一

冯丽：你好！

　　谢谢评论。报上说《丁一》写了十年，其实是三年，距我的上一个长篇是十年。三年，是从动笔算，想却想了不止十年。想，并不是指想这篇小说，是想这类事情，这类事情所包含的一些老掉牙的问题。我不知道应不应该想，只是不由得想，就好比超女们的想唱就唱。我看重想，也可以叫思想。电视上的一次歌赛，主持人问一歌手：你这么年轻，为什么喜欢唱这些古老的歌？歌手说不知道，喜欢就是喜欢。令人欣慰的是，这回答赢得了满场掌声。欣慰的意思，好像是说还有个歉意躲在哪儿。是呀，时至今日还说思想，不免要先存歉意。

　　问灵魂是什么，料无人能给出可靠的回答。但一说到灵魂，大

---

❶ 冯丽：笔名皮皮，友人，作家，鲁迅美术学院教授。——编者注

家似乎又都很知道它的含义。比如，无须对灵魂一词给出界定，人们便可进行涉及灵魂的谈话，这就是灵魂"无比实在"的证明吧。人们所以看它并不实在，是因为它并不是占据着空间的有形事物。既如此，其背景就难免虚幻，或如你说的"具有尘埃般的'轻浮'感"——《丁一》谓之"虚真"。

这样的虚实分寸，是不可能事先设计的。所以我很同意你说的，它"来自选定如此生活的命运"。没错儿，命运！我相信写作从来是宿命的，所以一切都只能向命运中寻找。如果命运确凿包含着"虚真"的魂游，并现身实际的"那丁"或"那史"，自然而然这虚实就有了分寸。我说过，使人渴望写作的是一团朦胧、纷乱、无边无际但又无比确凿的心绪，它们呼唤着形式而非形式决定它们，写作即是用语言来把它们缉拿归案。

说真的我很少研究小说技巧，我相信那是评论家的工作，弄不好会是小说家的障碍。我甚至想，少读些书或许倒碰巧对了，心里贮备的版本太多会让人无所适从。研究小说的要多读小说，写小说的倒不如多读些其他经典，多向生命最原态的领域去问个死乞白赖。现代的混乱大半是因为，人们让已有的知识、主义、流派等等缠绕得不能抽身，却离生命最根本的向往与疑难——我相信这就是罗兰·巴特所说的"写作的零度"——越远了。

理性一词至少有两个解：一是恪守成规，一是善思善想。相应的写作理性也有两路：一是向已有的作品问技巧，问流派；一是向生命根本的向往与疑难问缘由，问意义，技巧而后发生。

事实上，我的写作多是出于疑难，或解疑的兴趣。可是，所解之疑在增加，未解之疑却并不减少。不过，这就是人生的处境甚或永恒的处境吧？问题在于，这只是令人悲哀吗？比如仅仅是"心路历程上的磨难被印上'值得'两个字"？或者是，挣脱一种糊涂，只是以"留在另外所谓糊涂的层面"来赢得"寻常幸福感的保障"，即所谓"终极意义的无奈"？

不错，我确曾在这样的无奈面前伫留很久。

正看着的一本书中有几句话，与我言来的感想甚为接近：

▲ "我们的科学和探索向我们显示了，我们作为解谜者和仪式主持者居住在一个深不可测的全体里。尼采似乎认为，在这个谜一样奇妙的宇宙里的有意识的居住者可以再一次经历他发现在古希腊宗教里最值得惊愕的东西：这种宗教生活发出的极大量的感谢。" ▲ "人类对比我们自身伟大无限倍的事物的感激之情在永恒轮回的新理想里达到顶峰。" ▲ "尼采展示了扎拉图斯特拉如何达到并表达了最高的肯定：对本来面貌的生活的热爱，变成了让生活永远是其本来面貌的愿望，即我们不完美的天堂永远回归到其原来的样子。" ▲ "尼采描绘了未来宗教的某些轮廓：'个人必须奉献给比他更高的事物——那就是悲剧的意义所在；他必须摆脱死亡和时间。……所以人类在一起共同成长，'作为一个整体出发……'" ❶

我的理解是：▲正如部分不可能把握整体，人也不可能知晓上帝的创造意图。但人必须接受这创造的后果，正如你若不接受整体，你也就不能作为部分而存在。▲如果人生的一切意义和追求都将随着死亡而消散，永劫不复，那人生真的就只剩下了荒诞和无奈，明智者当然就会主张及时行乐。▲一个相信及时行乐的人，必

---

❶ 以上引文出自《施特劳斯与尼采》（第五章《尼采的启蒙》），[美] 朗佩特著，田立年、贺志刚等译，上海三联书店、华东师范大学出版社，2005 年。——编者注

不相信灵魂，不相信整体可能获得的意义，而只相信个人，相信片断，相信由某一姓名所概括的几十年所能获取的肉身享乐。▲但是，如果生命（或存在）其实是"永恒轮回"的，我们就该对此持一份感激的心情了。因为这样，作为类，人便有了永恒完善自己的可能了，而不至于在某一肉身（个人或片断）的中止处看一切都是虚无。▲永恒轮回证明了：凡存在者，必处于过程中，此外别无可能。这意思是说，并没有终点上的全面酬报，或终结性的永恒福乐。因而，人也就再不能抱怨"永恒的道路"（比如西绪福斯）是荒唐，是无奈，而必须转而看重行走，并从中寻找意义。▲而这即是说，人永远都不可能在完美中，但却可能同时在天堂。而且这绝不是暂时的自我告慰，即便仍然有着糊涂，却与原来的糊涂有了本质不同。▲所以尼采强调，人类要"作为一个整体出发"。（《丁一》是说作为音乐，而非孤立的音符。）孤立的个人或音符，终难免陷入永劫不复。而音乐，或作为整体出发的人类，却可借永恒的超越而使幸福感得其保障。

接下来的问题必然是：怎样证明永恒轮回？

有本书叫《精神的宇宙》，是位物理学家写的。我看得不能说全懂，但我看出了这样的意思：并没有绝对的无。科学家从封闭的容器中抽去所有的物质，结果那里面却仍然有着什么，这是一点。另一点，古希腊哲人相信"无，不可能产生有"，而老子却说有生于无。我想，老子的无，是指无物质，就像抽去了所有物质的容器中的状态吧。然而，有，未必只限于物质，未必是单单"物质"可以称为"有"。那么除了物质还有什么呢？还有：空！我理解那书中的意思是：宇宙诞生前与毁灭后，都不是无，而是空。这个空又是什么？我猜，即是成为（或孕育、造就）一切"有"的势！物极必反。空而至极，必以有而代之。这没准儿就是所谓的"大爆炸"吧？可以想象，空，必也是极短的一瞬间。

浪漫些想，我甚至以为，这个"空"，或可称之为"欲望"——宇宙的欲望！至少，在已有的词汇或事物中，"欲望"更接近这个"空"的性质和状态；它们都是看不见摸不着但却可以创造一切的"势"，即"无中生有"的第一因。

如果那位物理学家说的不错，我的猜解也靠谱儿，永恒轮回就被证明了。就先假定是这样吧，然后我们就可以接着这个话头，再猜想些别的事了。我们完全不必局限于《丁一》。《丁一》不过是（心魂之）一旅，其实每一回写作都可以算得一旅。你的评论是你的一旅，此文是我因你的评论而引出的又一旅。

空不是无，空是有的一种状态。那么死也就不是无，死是生的一个段落。作为整体的人类一直是生生不息的，正如音符一个个跳过，方才有了音乐的流传。所以我们会感觉到灵魂的确在——正好似每一个音符都在领会着音乐的方向。从文化传承，从生理遗传，从基因，或许还从一种更为神秘的情感和理念中，我们感受到魂流不息，谛听到那一种并不悬浮于白昼之喧嚣而是埋藏于黑夜之寂静中的命令、呼唤与嘱托。谁也摆脱不了它，尽管人可以如此如彼地潇洒。

有位哲人说："死亡，不值一提。"真是的，人总是害怕着最不需要害怕的事。我常不由得想：你要回到那儿去的地方，正是你从那儿来的地方，这可怕吗？你曾经从那儿来，你为什么不能再从那儿来？或者，你怎么知道，你曾经的从那儿来，不正是你的又一次从那儿来呢？你反驳说：就算可以又一次来，但那已经不再是我了！可是请问：曾经从那儿来的，为什么肯定是你？你曾经的来时一无所有，你又一次的来时还是一无所有，你怎么确定你就是你（我就是我）呢？你是在来了之后，经由了种种"那丁"或"那史"之旅，你才成为了你（我才认出了我）的。而这再一次证明，人只能"作为一个整体出发"。"作为一个整体出发"，死本来是没什么可怕的，生是充满了超越的欢愉的，虚无是一件扯淡的事，犯不上为之无奈的——远古之人大约都是这么想，生来就是这么想的，所以在宗教的起源处总是充满着感激的。那时人们所怕的，大约只有自己与群体的隔离，譬如音符之于音乐的跑调。所以最初乃至今日的种种惩罚，根本在于隔离，尤其是心灵的被强迫隔离。而这些可怕的事，现今的人们倒一点儿都不怕似的。

人类或也终将消灭，但"有"不会消灭；那么，就必然会有另外的生命形式，或另外的存在者——存在并意识到存在的存在者，他们不叫人也行，他们叫什么都无妨大局。但他们的处境，他们的向往和疑难，料必跟我们大同小异。因为，大凡能够意识到存在的存在者，都必有限。因为，"有"的被创造——无论是由于上帝还是由于"大爆炸"，都无非是两项措施：（1）分离，而成就有限之在。（2）有限之在，必以无限为其背景。这两项措施，导致了两项最根本的事态：a.人生的永恒困境，这困境尤其要包括，由心灵的分离进而造成的相互敌视与防范，这使得一曲天籁般的音乐被噪音充斥——在现代，我看这主要是价值感对人的扭曲。b.正因为困境的永恒，人的完善也就有了无限可能；这完善尤其体现为，以心魂的相互寻找来回归那天籁般的音乐。

昨晚零星地听见几句你与希米的电话，透析后太累，没插嘴，后来就睡着了。今天她走得忙，也没再说。你们好像说的是一个极老的问题：形式和思想。其实我当然不会轻视形式，没有形式就谈不上文学。我主要是想强调：没有思想，形式从哪儿来？尤其是新的形式，从哪儿来？更尤其是恰当的形式，从哪儿来？我最怕人说"从生活中来"以及"从现实的生活中来"，这等于是说"我是我亲妈生的"，最多算句废话。

好的形式必然包含着好的思想，好的思想却未必就有好的形式。——这句话，有人用来证明形式（以及技巧之类）是第一位的，我却以为恰恰证明了思想在先。这问题好像不用多说。比如新的形式，新的形式之前必是没有这一形式的，那么它从哪儿来？再比如恰当的形式，其恰当是对什么而言？

美术最讲形式，或其本来就只表现为形式（形式即内容），所以特别反感用思想来编派它。高明的画家，绝不会是画思想，而是画感觉，画感受。但即便如此，画作的背后还是不可能没有思想的支撑，与引导。不同流派，其实是对世界的不同态度。一说思想就看见开会，就听见理论和宣传，是历史的误会。即便谈论技法，也常是说它如何如何恰切，或意想不到地达到了某种效果。什么效果？不管什么效果，都一定是符合了某种预先的期待。什么期待？无论什么期待，只要不仅仅是卖钱，就必然——或直接，或绕着弯子地——联系着思想。思想可以不够完整，不够严密，不太有说服力，但它确凿是思想不是别的。

我之所以这么强调思想，是因为现在的写作（或文学）太过轻视它、误会它，而更多的关注是对着技巧，什么起承转合，什么张弛有度，或靠花嘴花舌赢得潇洒，或以某种固有的词汇与句式标榜"美文"。好像一切都不过是娴熟与否的手艺，愉悦而已，忘忧就行，谁真往心里去谁是傻瓜。相反，好朋友一块儿说说话，倒是能道出很多真切的心愿与疑难。这心愿与疑难，或不如"美文"好看，或不能赢得广泛的读者。我忽然明白，当今的魔障最要归因于价值感。媒体又这么日益发达，声名又这么日益获利，疑难几乎没脸再见文学。可仔细想想，现而今，似乎只剩下"疑难"一词还可贴近文学的贞操。几乎连"真诚"一词也已沦落。疑难，是绝不会说谎的，而"真诚"也已经学会了煽情。

写作者常会担心枯竭，可这人间的疑难会枯竭吗？不仅不会，而且它正日益地向着心灵的更深处弥漫、渗透，触及着宏观所不及的领域。命运的不确定性，应该已经不是问题——这尤其要感谢数、理科学步步深入的证明。问题是，在这不确定的处境中，人只能是随便地走向哪儿呢，还是仍然可以确定地走向哪儿？就是说，"造物主"确定是冷漠无情的，但"救世主"一向满怀热情的明说暗示，人是否听清听懂了？我确实觉得，英雄主义或史诗般的文学已经远去，一切问题如今都更加地指向了人的内心（比如悠久的"行魂"与短暂的"丁一"之对峙）。伍尔芙有句话："让我们守住自己这热气腾腾、变幻莫测的心灵漩涡，这令人着迷的混沌状态，这乱作一团的感情纷扰，这永无休止的奇迹——因为灵魂每时每刻都在产生着奇迹。"

一写就写了这么多，完全是想到哪儿写到哪儿，并不直接关涉《丁一》。《丁一》还是多让别人说吧——尽管这大概是奢望。不过我同意一点（好几个人也都这么说）：形式和内容碰得比较顺手的时候并不多，《丁一》算得是好运气。

祝你也交好运！

铁生

2006年5月27日

之二

冯丽：你好！

传来的文章收到了。这才是好散文，鲜明着散文的两个最要紧的品质：诚实，善思。我把文学的另一个重要品质——疑难——更多地留给小说。（韩少功❶说，他弄不清的事就写小说，弄得清的写散文，大概也是这个意思吧。）想来，写作——还是说写作吧，因为我从来就不曾研究过什么学——的根本就这三样：诚实、善思多在起点，疑难是永远的终结。

诚实，绝不简单，时处今日就更加地不简单。就算我们有诚实之心，我们有诚实之胆吗？人们千言万语地写，是要表白什么，还是要寻找什么？寻找，那就是说我们曾经关闭着什么，忽视、躲避、隐匿乃至惧怕着什么——当然都是指自己心中的什么，因为外在的寻找多属于科学。我特别想说的一句话是：这些年你几近孤胆独身地在向那"绝不简单之地"开进。——这是你每次走后，我和希米常有的感慨与感动。这是表扬吗？千万别这么理解。为什么"千万别这么理解"呢？还是有着惧怕。若是秦腔那帮哥们儿呢，敢对天说：我表扬你！

"心被拖累着，小心地收紧着，无缘由地担忧着……"，"'我就是我'的端庄，是我们无法再找回来的风度"。

大概，这正就是写作千难万难要为人找回来的东西吧！但这风度却一向都在受着别人的迫害。这迫害也不简单，它是绕了一千八百个弯儿之后得手的。在今天，我看它经常的面目就是：社

---

❶ 韩少功：友人，作家。——编者注

会价值感。秦腔那帮兄弟何以凭这般自由，不受它的迫害？他们没沾染这个，他们自信那是唱给天听唱给地听的，一下子就跳过了社会的种种价值束缚。

你对东北、西北和北京之不同的那段分析，可谓经典。但忍受了千年的西北，其反抗，已不仅仅是在社会层面，明显有了超越倾向，是向天而吁了。反抗，一旦诉诸艺术，必然会指向形而上的疑难；或者说，那反抗，终于触到了形而上疑难，这才成就了真正的艺术。就譬如《圣经》中的"出埃及"，已不仅仅意味着走出埃及那块地方了。而比如说《窦娥冤》呢，其冤由，永远都固定地指向几个贪官，或几项措施，这便使真正的悲剧难以诞生。刘小枫在其《圣灵降临的叙事》中说，《圣经》才真正是象征主义的典范。我甚至从那书中读出了这样的意思：好的文学，必是象征主义的——这或许不过是我的误读，且有些极端。

秦腔中那些具体得近乎抽象、凡俗得近乎诡异、平白得好似有所隐喻的歌词，完全是象征主义的——无比辽阔地指向着别处。忽然跳出来用石头砸击板凳的那个人，就好似不堪忍受的魂灵突地跳离了实际，那神情，那凄厉、悲慌又似胆大妄为的嚎喊，直让人不知心惊何处、魄动何由。

其实我是最近才听了一回秦腔的（从林兆华的那出话剧❶中），一听便被震撼。

铁生

2006年7月6日

---

❶ 那出话剧：指林兆华导演的话剧《白鹿原》。——编者注

给胡山林[1]

胡山林先生：您好！

2月15日信收到。写作之乐，莫过遇知音。您的理解和阐述，比我的解释更细致，更周全，更易于一般读者接受。评论还得是您写。我于此道还是隔膜，不管是评论别人，还是评论自己。大概是我太受限于自己的角度，也曾有人邀我去讲点儿什么，可一上讲台便不知从何说起，干巴巴的几句就完了。这样的时候我更希望别人提问，并不是说我一定能回答得好，我是对问题本身有兴趣——若是想过的事，便有他乡遇故的快慰；若被问倒，就有了新问题。这样说是否有些狂妄了？不过，我一向看写作更像解题——为解自己心中之疑。不期对别人有用，事后发现对别人竟也有借鉴，"作家"这碗饭才吃得心平气和。

韩少功说过：明确的事写散文，疑难的事写小说。另外我想，用小说写疑难，会更生动、更真切，直叙思想就怕太枯涩。理论的

---

❶ 胡山林：河南大学文学院教授。——编者注

高明是提炼简单，小说的优势是进入复杂。另外，解读者更易站在不同角度说话，写作者难免陷于固有角度而难于自拔。自己解释自己的小说，总觉有些滑稽——是说自己无能呢，还是要堵别人的嘴？这有些极端了，甚或是偏执。事实上，我在上封信中已对《丁一》做了些解释。但那解释，第一仍是站在固有的角度；第二——说句不谦虚的话——它比小说的内涵差得太多了。若一一解释呢，又不如写小说了。

我从不认为"主题先行"有什么错；错也是错在被人强迫，或被强势话语所挟持。个人写作，自然也是要先有个立意，不可能完全即兴而终不知所为。轻蔑思想的，或是不知思想已在，或就是虚张声势。当然，思想也是出于生活，但这差不多是句废话。为什么有人总还是要强调这类废话呢？为了掩盖思想的苍白？

小说就是借尸还魂。魂，即思想，即看待生命或生活的态度。（我猜上帝的创造也是借尸还魂，看这些被吹入了灵气的有限之物，于无限之中，如何找到善美的态度。）有尸无魂，则如性泛滥，继呈性无能，无论"专一"还是"乱交"结果都一样，惟"丁一"固守一处或换着地方地发泄，并无"我"在表达。未老先衰的人群或文化，要么是严格强调传统（固守一处），要么是张扬绝对自由（随便换地方），少有看重思想的，结果觉醒与不觉醒的都不是精神。尼采的"超人"一定是指，人的精神或思想——总归是态度——要不停顿地超越自己。胡适的"大胆假设，小心求证"，更是说要保持思想的激情。当然了，实践万万要谨慎。

有点儿离题了（咱们的通信不必太拘于我的作品，大可以更随心所欲些个）。不过我还是同意您的意见：作者也可以直接说说自己的作品，尤其要是能跳出固有位置的话。我只是觉得，现在的作家也好，演员也好，都太愿意走上前台了。自己当然不会认为自己的作品不好，否则干吗那样写和演呢？可这样一来，只怕促销之风更盛。广告不可以没有，否则用户"不知有汉"。但轮番"轰炸"的，就要怀疑是骗——用户替它给电视台行了多少贿呀，倒说是它养着文化！

　　也许还是像您我这样的交流要更好些，优劣均可畅所欲言，争辩一下也是自然，甚至尖刻些也无妨。眼下的气氛不适合批评，弄不弄离题万里，哗哗啦啦就转向了立场和人格。就此打住。

　　祝猪年好运！

　　另外，有家出版社愿意出我的书信集，若将我给您的几封信收入其中，可否？又因我欠着不少文债，想将您与我关于《丁一》的通信先期在刊物上一同发表，您是否同意？等您的回音。

史铁生

2007年3月6日

关于青
春

现实注定是残缺的，
理想注定是趋向完美。

拐杖或者或多一根首杖之外，再不比别人少什么和多什么，再没有什么特殊于别人的地方。我们不因为残疾就忍受歧视，也不因为残疾去摘取殊荣。如果我们干得好别人称赞我们，那仅仅是因为我们干得好，而不是因为我们天生已经有了被称赞的优势。我们希望真劳真干的工作赢得光荣。当然，我们也不拒绝别人的帮助，自尊不意味着拒绝别人的好意。只想帮助别人而一概拒绝别人的帮助，那不是绝省，那其实是一种心理的残疾，因为事实上，世界上没有任何人不需要别人的帮助。

　　我们既不能忘记残疾朋友，又应该好走出残疾人的小圈子，怀着博大的爱心，自由自主地走进全世界，这是克服残疾、超越局限的最要紧的一步。

史铁生

二〇〇六年四月十二日

给小水❶

之一

小水：

　　我一直想跟你做个不定期的"通信谈"，即随时就一些切身的或有兴趣的问题做书面探讨。书面探讨的好处是能够更清晰，更有条理，事后还可细品其味。我先找个问题试试，若觉无趣，立刻拉倒。

　　听说在贵校，某些名额有限的"美差"，居然也是以班干部优先的（比如假期中去国外学习交流）。不知你怎么看这件事，我先说说我的想法。

　　"居然也"三字，说明了我的惊讶。因为在我的印象里，贵校事事都做得不落俗套（比如减负），而这件事，是我所知道的第一件贵校也未能免俗的事。说它俗，并非是指它不够标新立异，而是说，竟连贵校也与一股盛行的坏风气同流（"竟连"二字再次表明

---

❶ 小水：史铁生的外甥。——编者注

了我对贵校的一向看重）。不过，也许是因为，贵校领导并不以为这有什么不对，或不好。

你妈和舅妈就说：这很正常，人家班干部是付出了很多义务劳动的。对此我不敢苟同。至少在道理上，我要较个真儿：（1）果真是义务劳动的话，就只可以有名誉表彰，不该有物质酬报。（2）也许，这本就不是义务劳动，而是事先约定的一种"劳"与"得"的关系？真若如此，倒也说得过去。但是，（3）任何班中的一分子，都可能随时也有此类付出。那么，是当然要忽视非班干部的此类付出呢，还是鼓励大家当然要斤斤计较，无酬莫劳？简单说就是：为班里做点事，是该提倡奉献呢，还是要处处暗示着有利可图？（4）"干部"一词，因社会上的腐败之风不减，早已是声名——不敢说狼藉，至少也是常让人联想起腐败，难道连"干部"的青春期也难逃污染？所以，（5）这里面就肯定有个问题了：此种举措鼓励着什么？依我看，这恰恰是最重要的教育问题。因为就教育而言，提倡总是敌不过鼓励的，开宗明义总是敌不过潜移默化的。其实前人早都明白：行胜于言。（6）记得我上中学时，社会上和学校里对干部的要求都是"见困难上，见荣誉让"，虽不一定都做得好，但此种信念于那时代却是妇孺皆知的。现在想想，那等好风气何至败坏到今天的地步？正是因为那暗中的鼓励渐渐地势强吧。（7）不过也应该换个角度为老师想想——名额有限的"美差"，总也得有个分配办法不是？但，什么办法呢？大概除了抓阄，什么办法也难公平。或者民主选举？似又太小题大做。其实，若非世风如今天这般轻义重利，所以要特别防范青春期的"干部"也受污染，贵校目前这办法也无不可。

我知道，这些事你其实并不太在意。但我想说的是：任何小

事，只要留心品味，都可能发现更多或更深的意蕴。

比如说民主选举吧，就一定公平吗？真也未必。它会不会鼓励人们去多多地买好群众呢？这题目太大，是要你将来慢慢去弄明白的，几乎全部的政治和哲学都要涉及它。再说抓阄。似乎只有抓阄算得公平。可是，抓阄的结果也一样是有人得，有人失，谈何公平？是的是的，所以由此可以引出两个思想：（1）说抓阄公平，是说它顺其自然，没有人为的作用在其中，从而避免了人（或权力）的操纵。（2）所谓抓阄的公平，实际上，是已然预先承认（或接受）了命运的不公平。就是说，在神那儿，或在生命的自然状态中，凸显的是差别，压根儿就是没有公平的。

或者这样说吧：公平并不等于平等或平均；公平，不过是基于命运的不平等和不平均而建立的一种理想，和实施的一套游戏规则。我们通常所说的"公平"，即是指这人定的规则。而那生来即在的差别，我们叫它"命运"。这样，我们就涉及了人类生活中的两件最要紧的事：法律，和信仰。

追求平等，靠的是法律的健全。对待命运的不平等，靠的是信仰的坚定。进一步说：既不可因为命运的不公平，就轻看法律；又不要以为，法律可以使命运处处都公平。其实，正如"法律"二字几乎是公平、公正的同义语，"命运"二字代表的就是不公平，所以结论也是两个：（1）你如何为社会公平、公正去尽一份力？（2）你如何在不可能完全公平、公正的人生路上，仍然保持你的信心？

上次你说到了"完美"，以及"完美"给你造成的压力。后来我发现，这压力主要是指向你自己的。我看这是一件好事。所谓"严以律己，宽以待人"嘛，就是说，不要向他人或外部世界要求完美，而是要以"完美"来要求自己。实际上，古往今来的名言无不是这个逻辑。比如"只问耕耘，不问收获"，"先天下之忧而忧，后天下之乐而乐"，都是把要求指向自己。相反，若是总对自己宽容着，对他人和外部世界苛刻着，那才要坏事呢。但是，对自己的完美要求，更要重视的是这心愿，是这心愿引领下的行动过程，而不是结果。结果常常是偶然的，未必能证明完美；一个心胸不佳的人，也可能碰巧得一个完满之果。而未得完满之果的人，很可能付出得更多，行走得更美。尤其当一个人不惑于美果，只喜于美行之时，他才更知完美了。尤其当他不仅行其完美，而且知其永远不够完美之时，他才不仅更知完美，而且更趋完美了。（又应了那句话了："不以物喜，不以己悲。"）这样，你也就不会太有压力了。

但是我提醒你：性格所以叫性格，就因为它是要伴你终生的（所谓"禀性难移"）。你不可能驱除它，你只可能把握它。对待它的办法只有一个：盯住它，别让它兴风作浪。你只要知道它在那儿，知道它既可为福，也可为害，你就能把握它。具体的办法是：（1）一旦感到这种压力时，先来看看自己是否尽力了，只要尽力了，结果就留给上帝去处理。（2）如果是自己没尽到力，那就总结经验，以利日后；一味地后悔是最冒傻气的。（3）不要太重视别人怎么看。重要的事，自己认为怎么对就怎么做，不可能让所有的人都认可。比如写作，我就不太重视别人的意见，因为写作跟谈恋爱是一个理儿，别人怎能比你更了解自己爱的是什么？想写的是什么呢？

这封信就先写到这儿吧，只作抛砖引玉。但愿你能提些问题，什么都可以。什么问题，都可能有你料想不到的蕴含。哪怕只是说来有趣呢，对人的思想也是一种锻炼。会思想的人，不是有了问题才思想，而是随时都能看到问题——从平静的表面看到内里的喧

器，在别人认为已经结束的地方开始。

老舅舅

○六年一月二十四日

之二
——高考前给小水❶

2007年4月15日

1. 种种迹象表明——包括你们老师也说——你的问题不在能力，而在紧张。结论：一是不要怀疑自己的能力，二是要克服紧张。

2. 紧张的原因是太重结果。可凡考试者，谁又会轻视结果？所以，太重结果，一定是因为太在意别人会怎样说。结论：想想别人（包括家人）都会说什么，然后一律予以轻视。因为别人都是说说拉倒，谁也不会跟你一生，而你若应对得好，则一生受益，永远做自主的人。

3. 紧张的作乱，无不是涣散人的集中力，说不想别的，其实深处仍有杂念。道理谁都懂，关键是得有应对的方法或形式，形式的作用不可低估。结论：一进考场，就只想，今天我就输在这儿了，但输也要输他个镇定自若、明明白白。然后使注意力贯注于每一道题。犹豫时，相信第一判断，即相信自己的实力，错了也值，而改错了可有多不值！

---

❶ 此信是史铁生电脑中的备忘。——编者注

4. 其实，适用于运动员的那些逻辑，都适用于考试。比如：（1）不想结果，或干脆抱着"输他个漂亮"的心态。（2）把自己的位置摆低，一个球一个球地去拼对方。（3）每一个动作都要做到心里清楚。

5. 以一生的作为看成败，从一个人的精神力量论成败。结论：人的一生总会有失败，晚来不如早来。早来的失败是财富。落到底了，就没负担了，就只剩下上升的势能了。

6. 我当年就是落到底了，但那是命运代我选择的，不算真能耐。真能耐是自己主动的选择，败是胜的势能，胜时仍保持败时心态。结论：说到底，是要放弃占有欲——害怕丢人，也是对光荣的占有欲。佛家谓之曰"贪"或"嗔"。但是，不管败到什么份儿上，也不能放弃努力。基督教说：上帝是道路。佛家是说：只问耕耘，不问收获。

7. 如果你这次胜了，我估计你真正的成长还要往后推。如果你这次败了，应对得好，将会是你的第一次真正的成长。这是灵魂的成长，有的人一辈子都不会有。

2007年4月29日

只说一件事：临场心态的形式把握。

1. 形式的重要，譬如气功的进入方式、体育比赛的心理准备。

2. 形式制定后，还要复习——独自沉思和想象，如入临场。可在二模试用。

3. 一切都像运动员临赛的心理准备——

A. 准备得充分与否，是什么意思？

B. 放低自己的位置去拼对方。把心理分平均进去，拼对方即挑战自己。

C. 相信自己的实力。比你棒的绝不会多。故无须跟别人比，只要求自己。

D. 一球一球地打和默念每一动作。一字一句地读题，惟此可抗外部干扰。

报考志愿参考

北京大学 （1）天文学专业：自然科学背景对转习哲学（乃至神学）的意义。（2）英语专业：可修多种人文学科，对转习文（戏剧）哲的意义。（3）中文专业：主要是中国的古代文献，并兼修西方文化。

浙江大学 也应从上思路。

香港浸会大学 要接受粤语。要有接受必做之事的心理准备，这也是修习。

之三
——给小水的三封信

孤 独

孤独不好，孤独意味着自我封闭和满足。孤独感却非坏事，它意味着希望敞开与沟通，是向往他者的动能。以我的经验看，想象力更强、艺术感觉更敏锐的人，青春期的孤独感尤其会强烈，原因是他对未来有着更丰富的描绘与期待。

记得我在中学期间，孤独感也很强烈，但自己不知其名，社会与家人也多漠视，便只有忍耐。其实连忍耐也不意识，但确乎是有些惶然的心情无以诉说。但随着年龄增长，不知自何日始，却已不再恐慌。很可能是因为，渐渐了解了社会的本来面目，并有了应对经验——但这是次要的，根本是在于逐渐建立起了信念——无论是对自己所做之事，还是对生活本身。

那时我还不像你，对学习有着足够的兴趣，只是被动地完成着功课。所以，课余常就不知该干什么。有时去去阅览室，胡乱翻翻而已。美术老师倒挺看重我，去了几回美术组，还得到夸奖，却不知为什么后来也就不去。见别人兴致勃勃地去了田径队、军乐队、话剧队……心中颇有向往，但也不主动参加。申请参加，似乎是件不大好意思的事，但也不愿承认是不好意思，可到底是因为什么也不深问。然而心里的烦恼还在，于是，更多时候便只在清华园里转转。若有几个同学一块儿转还好，只是自己时，便觉心中、周围，乃至阴云下或阳光里都是空空落落，于是很想回家。可真要回到家，又觉无聊，家人也不懂你，反为家人的无辜又添歉意。其实自己也弄不懂自己，虽终日似有所盼，但具体是什么也不清楚。

到了"文革"，先是害怕（因为出身），后是逍遥（实为无所事事），心情依旧。同学都在读闲书，并津津乐道，我便也跟着读一些，但对经典还不理解，对历史或单纯的故事又没兴趣，觉得生活好生的没头没脑。

那时我家住在林院❶，见院里一些跟我差不多大的孩子在打篮球，很想参加进去，但就是不敢跟人家说"也算我一个"，深恐自

---

❶ 林院：北京林业大学。——编者注

己技不如人（其实也未必），便只旁观。人家以为我不会，也就没人邀请我。没人邀请，看一会儿我就回家了。时间一长，就更加不敢申请加入，甚至到食堂去买饭我都发怵。我妈让我先去买好，等她下班来一起吃，我却捏着饭票在食堂门前转，等她来了再一块儿去买。真不知是为什么，现在也不知道，完全是一种莫名的恐惧。

十六至十八岁，此状尤甚。记得我妈带着你妈——那时她才三四岁——到邻居家玩去了；喊我去，我也不去——可能是因为，觉得跟些妇女一块儿混很不体面。她们都以为我在读书，其实我是独自闲呆；在一间十几米的屋子里，一会儿坐，一会儿卧，一会儿想入非非，一会儿茫然张望窗外，仍不知这是怎么回事。烦恼，不过是后来的总结，当时也就那么稀里糊涂地过。

现在回想，我的第一本能是好胡思乱想，常独自想些浪漫且缥缈的事，想罢，现实还是现实，按部就班地过着。对这状态最恰当的形容是：心性尚属蒙昧未开——既觉无聊，又不知那就叫无聊；既觉烦恼，又不知烦恼何由；既觉想象之事物的美好，又不知如何实现，甚至不知那是可能实现的。至于未来，则想也没想过。现在才懂，那就叫"成长的烦恼"。身体在长大，情感在长大，想象与思考的能力都在长大，但还没能大到——比如说像弈棋高手那样——一眼看出许多步去，所以就会觉得眼前迷茫，心中躁动。就好比一个问题出现了，却还不能解答；就好像种子发芽了，但还不知能长成什么树；或就像刚刚走出家门，不知外界的条条道路都是通向哪儿，以及跟陌生的人群怎样相处。——烦恼就是必然。如果只是棵树，也就容易，随遇而安呗。如果压根儿是块石头，大约也就无从烦恼，宇宙原本就是无边的寂寞。但是人，尤其还是个注重精神、富于想象的人，这世间便有了烦恼。人即烦恼——人出现了，才谈得上烦恼。佛家说"烦恼即菩提"，意思是：倘无烦恼，一切美好事物也就无从诞生。

想象力越是丰富、理想越是远大的人，烦恼必定越要深重。这便证明了理想与现实的冲突。现实注定是残缺的，理想注定是趋向完美。现实是常数，理想是变数。因而，没有冲突只能意味着没有理想，冲突越小意味着理想越低、越弱，冲突越强，说明理想越趋丰富、完美。善思考，多想象，是你的强项；问题是要摆清楚务虚与务实的位置，尤其要分清楚什么是你想做也能做的，什么是你想做却没有条件做的，什么是你不想做但必须得做的。只要处理得当，这——现实与理想的——冲突越强，创造力就超强。

所以，我看你从事艺术或思想方面的工作也许更合适。但不急，自始至终都是一条笔直而无废步的路是没有的。路是蹚出来的，得敢于去蹚。但话说回来，对每一步都认真、努力的人来说，是没有废步的，一时看不出作用，积累起来则指不定什么时候就有用，甚至有大用。况且，一切学习与思考的目的，并不都是为了可用，更是为了心灵的自我完善。

我能给你的建议只是：直面烦恼，认清孤独，而不是躲避它、拖延它。内心丰富的人，一生都要与之打交道；而对之过多的恐惧，只是青春期的特有现象。就像你，考试之前紧张，一进考场反倒镇静下来了。就像亚当、夏娃，刚出伊甸园，恐惧尤甚，一旦上路则别有洞天。要紧的是果敢地迈出第一步，对与错先都不管，自古就没有把一切都设计好再开步的事。记得有位大学问家说过这样的意思：别想把一切都弄清楚，再去走路。比如路上有很多障碍，将其清理到你能走过去就好，无须全部清除干净。鲁莽者要学会思考，善思者要克服的是犹豫。目的可求完美，举步之际则无须周全。就像潘多拉盒子，每一答案都包含更多疑问；走路也如是，一步之后方见更多条路。更多条路，又只能选其一条，又是不可能先把每条都探清后再决定走哪一条。永远都是这样，所以过程重于目的。当然，目的不可没有，但真正的目的在于人自身的完善。而完善，惟可于过程中求得。譬如《命若琴弦》。

舅舅

〇七年十月十八日

恐　惧

孤独源于恐惧，还是恐惧源于孤独？从现实中看好像是互为因果，但从根上说，应该是恐惧源于孤独。就是说，人最初的处境是孤独，因为人都是以个体身份来到群体之中。你只能知道自己的愿望，却不知别人都在想什么，所以恐惧。恐惧，即因对他者的不知，比如一条从未走过的路，一座从未上过的山，一个或一群不相识的人。这恐惧的必然在于，无论是谁，都必然是以自己而面对他人，以知而面对不知，以有限而面对无限。可以断定，无此恐惧的倒是傻瓜。反过来说，这样的恐惧越深，说明想象越是丰富，关切越趋全面。比如说，把路想象得越是坎坷就越是害怕，把山想象得越是险峻就越会胆怯，把别人想象得越是优秀就越是不敢去接近。惯于这样想象的人，是天生谦卑的人。

谦卑，其实是一种美德。有位大哲说过：信仰的天赋是谦卑。谦卑而又善思的人，一定会想到"压根儿"和"终于"这两个词——我们压根儿是从哪儿来，我们终于能到哪儿去？换句话说：人生原本是为了什么？人又最终能够得到什么？——只有谦卑的人才可能这样问，自以为是的人只重眼前，通常是想不起这类问题的。甚至可以说，谦卑是一切美德的根本。惟有谦卑，可让人清醒地看待这个世界；惟有谦卑可通向信仰；惟有谦卑能够让人懂得，为什么尼采说爱命运者才是伟大的人。（关于"爱命运"的问题，以后再慢慢说。）

电视剧《士兵突击》你看了吗？士兵许三多总是说"人要做有意义的事"。人们问他什么是有意义，他说"有意义就是要好好活"。人们又问他，怎样才算是好好活呢？他说"好好活就是要做有意义的事"。看似可笑，循环论证，但他绝对是说出了一个根本真理——人最初的愿望一定是"要好好活"，而最终所能实现的，一定是由自己所确认的"有意义"。为什么？因为，以人之有限的智能，是不可能把世间一切都安排得尽善尽美的，而只可能向着尽善尽美的方向走。所以，只要是在走向你认为的"有意义"，就是"好好活"了，就是活好了；反过来说，为了活好，就要做自己确认是"有意义"的事。此外，还能怎样好好活呢？

不妨把许三多的话翻译得再仔细一点儿：事实上，没有谁不想好好活，然而，却非人人都能为自己树立一种意义，确信它，并不屈不挠地走向它。原因是，人常把外在的成功——比如名利——视为"有意义"。可是，首先，面对无限的外在，走到哪一步才算是成功了呢？其次，外在的成功，也可以靠不良手段去获取，但这还能算是"好好活"吗？

其实，从根本上说，什么是好，什么是善、是美，乃是一个自明的真理，不用教，谁心里都清楚。否则也就不能教，不能讨论，因为，倘无一个共同的坐标系——即善与恶、好与坏、美与丑的基本标准，人与人之间是根本没法儿说话的。有人以此来证明神的存在。

所以，只有内在的成功，才真正是"有意义"。何为内在的成功？我想，只要人确信自己是在努力地"好好活"，不断地完善自己，就是内在的成功。至于外在的成就有多大都无所谓，至于跟别人比是高还是低都可以忽略。你发现没有，一跟别人比，你就跑到外在去了？一到外在，恐惧就来了，意义就值得怀疑了，脚下就乱了，不知道怎样才算是"好好活"了。

《士》中那个班长，让许三多做一个单杠动作，许三多总是数着数儿做，三十个已觉不易，便掉下杠来。班长说你数个屁数儿呀，只想着做动作！结果他做了三百三十三个。

佛家和道家都讲，要心无旁骛——即不受他人、他物，总之一切外在因素的影响。啥意思？说的也就是：要抱紧自己心中的"好好活"，那本身就是"有意义"；要一心走向自己确认的"有意义"，这本身就是"好好活"。所以，许三多的话绝非循环论证，而是一个完美的自洽系统——你只有靠内在成功来确保意义，你只有在自己确认的意义中才能获取成功。

但是，谦卑的敌人是胆怯。不过呢，谦卑与胆怯常又是双胞胎。如何能够既保持住谦卑，又克服掉胆怯呢？真是挺难。但只要细想，你就会发现，谦卑又是内在的，从不跟别人比，而胆怯必定是因为又跑到外在去了——惧怕他者。爬山怕山高，走路恨路长，而面对他人则害怕被看不起——岂不是又跑到外在去了？所以，千万要保持住自我——这并非是说称王称霸或轻视他人，而是说，一切事，都以完善自我为目的。帮助他人也是为了完善自己，向别人讨教也是为了完善自己，爬山、行路、做题、交友，一切事都是为了完善自己，即便是遭人嘲笑，也一样能够从中完善自己。一旦太要面子，就又跑到外在去了——是以别人的目光在看自己。很多应该做的事，不想做，不敢做，这时只要想想我是为了完善自己，事情就好办多了。完善自己，当然不是为了满足虚荣，而是就像老财迷敛钱那样，一点一滴地壮大自己的心灵、品德——如此，何怕之有？

其实，你的一切问题，都在于胆怯。其实我也是，一上讲台，看台下黑压压的全是人，脑袋里立刻一片空白。细究其因，还是因为跑到外在去了，生怕讲不好，落个名不副实的名声。有几次坐在台上，我忽然想到了这一点，心说去他妈的，只要讲的是我真心所想就行，于是立刻回归内在，便也滔滔不绝起来。交友也是一样，一怕，准就是想到了别人的目光和评价。我知道这事改起来难，本性总是比理性强大。但这不说明不应该去试试。为什么要试呢？为了自我完善：看看我能不能放下虚荣，不怕嘲笑（也未必就会遭到嘲笑），看看我的胆量，看看在我通常的弱项上能否有所改善。是呀，完全不怕几乎是不可能的；但是，怕着，也要去试试，视之为历练自己的一个步骤、完善自己的一步行动。——我的经验，只要一这样想，就不那么害怕了，就什么都是可能的了。事后，果然有人嘲笑你的话，是自己错了自己长见识（又完善一步），是别人错了却还嘲笑你——你慢慢体会吧，这其实并不太难过。

舅舅

〇七年十一月八日

最有用的事

以我的经验看，不管对什么人来说，也无论在什么局面下，有三件事是最重要的。第一是分析处境，做到"知己知彼"。所谓知己，即清楚自己想干什么，能干什么；知彼呢，就是要弄清楚外部条件允许你干什么，和要求你必须干什么。前者是估计了你的能力，而后设定的理想或愿望；后者则包括：你想干，或者也能干，但阻碍巨大到希望非常渺茫的事，以及你不想干，但必须干的事。也可以说，前者是目标，后者是为达到目标而铺路。

想干什么，直接就能干什么，世界上几乎没有这样的事；除非是在极偶然的情况下，运气又是出奇地好。好运气来了，当然要抓住它，但任何时候都不要指望它。任何时候都要立足于自己的清醒、决断和行动。

这就说到了第二件最重要的事：决断。即在"知己知彼"之后，要为自己做出决定。决定的要点在于：一旦确认方向，就不要再犹豫。正所谓"用人不疑，疑人不用"，决定也是这样，做决定时要谨慎、周全，一旦决定就不再怀疑，做到心无旁骛，切勿浅尝辄止。人们常说：成功就在"再坚持一下"之中。

第三件事叫作：开始。前两件事完成之后，就要立刻开始，万万不可拖延。拖延的最大坏处还不是耽误，而是会使自己变得犹豫，甚至丧失信心。不管什么事，决定了，就立刻去做，这本身就能使人生气勃勃，保持一种主动和快乐的心情。

总而言之是三件事，或三个步骤：知己知彼→做出决定→立即行动。这三件事或三个步骤，不单对一时一事是最有用的，在人的一生中都是最有用的。

舅舅

〇七年十一月二十二日

给希洛[1]

希洛：你好！

　　不妨就先把学业当作出国的工具，这没有什么不对。当一个地方限制了一个人发展的时候，他完全应该换个地方，另辟生路（所谓发展也并不单指学业，而是指生活或生命的全面发展）。而另辟生路的工具，自然各用其能了。我们赞成你不要放弃学业，主要是从这个角度考虑的。出国之后也可以继续搞原来的专业，也可以干别的，路子就宽了。你要是不喜欢生物，迟早就应该放弃它，这也并不见得意味着白学，知识终归是有用的。一个人无论被指定干什么，都是苦役，逃离苦役是正当的是必要的。无论干什么，理由只有两个：一是你乐意干，一是你借此达到其他你所感兴趣的目的，舍此两点即是荒唐。再没有比一个人一辈子都在干他所不喜欢干的事更荒唐的了。所以，既然知道不想干什么，又得知道终于想干什么，还得知道现在必须干什么。假如没有更好的工具，你就只好先

---

❶ 希洛：史铁生的内弟。——编者注

把这件工具收拾好备用。我想，学业还是你目前出国最重要的资本，其他的条件都隶属于它。出国是一个宽广的未知，二十几岁应该去追寻这样的东西。出不了国则大约是个狭窄的已知，四十几岁的人适合这种途径。真理是多元的，结构决定其对错。

其实，一切学业说到底都是谋生的手段（为了肉体的存活），都是娱乐的玩具（为了精神的充实）。一切科学、哲学、文学、艺术，到底都有什么用呢？从人迟早都是要死的这一点来看，从人类乃至宇宙迟早也是要毁灭的这一点来看，人终归只是一堆无用的热情。我们之所以还得保留这热情，还得用明智和真诚来校正、来助燃这热情，只是因为舍此我们会活得更加荒诞，甚至死也不能免除这荒诞，因为：结束不过是另一个开始。绝对的虚无可以证明是没有的——一旦有就不是绝对的无了。而一切存在都是主客体的共同参与，那么主体就会永远面对一个无可逃避的世界，因此必然是生生相继永恒轮回。逃避生之事实必定是徒劳的，而放弃生之热情只能使人落入更加荒唐的境地。所以看透了生活的本来面目然后爱它是一种明智之举。惟此可以使生命获得欢乐和价值，永远能够这样便永远能够欢乐，生生能够这样便生生能够获得价值。

总有些人以颓唐来证明自己是看破红尘，其实只是加剧了自己的痛苦而已，使自己陷入更加荒唐的境地而已。

我以为人们对于佛法也常有一种错误的理解——即灭欲。人生来就是欲望的化身，人比机器人多的只是一份欲望（我从《心我论》中得此结论），消灭欲望绝不是普度众生，而只是消灭众生。不应该灭欲，只是应该把欲望引向过程，永远对过程（努力的过程、创造的过程、总之生命的一切过程）感兴趣，而看轻对目的的占有，便是正当的欲望。只是为了引导出一个美丽的过程，人才设置一个美丽的目的，或理想。理想原就不是为了实现，而只是为了引出过程罢了。美丽者何？所谓童心不泯是也，所谓生气勃勃是也，所谓既敬畏自然之神秘又不屈于命运之坎坷是也，无论干什么都干他个津津乐道，一醉方休。

人不仅对科学了解太少，而是对一切都了解太少了。人是太狂妄了。上帝给人们设置了无限，就是为了让人永远不失却乐趣，为此我们要感谢他。

现在所说的科学仅仅是一种方法，一个角度。也许它将来会扩大得不像它了呢，或者不是它了呢，这又何妨？所谓大胆想象，不能只是一个范围里大胆，要有超范畴的大胆，或干脆毁灭一个范畴的大胆。有什么用呢？好玩！有趣！高兴！美哉乐哉！陶哉醉哉！而已。

这样，又何必一定要出国呢？怛是也可以换一种问法：又何必不出国呢？我只是想在二十几岁的时候，使自己的世界更开阔些还是好的，闯荡闯荡去还是好的。所以能出去就出去看一看，学一学，终于不能出去也没什么大关系。所谓：是真才子自风流。中国也有能人，美国也有傻瓜。能否使生活成功，大约还是内在的心路。所以，我们既建议你争取出国，也建议你做好出不去的准备。暂不放弃学业，是否于出去和不出去都有好处呢？——这要由你自己来判断。事业是重要的，但也如目的一样只是为了过程的欢乐而设置的，因为没有事业大概也是很难受的一件事，又如没有目的大概也是很空茫的一种处境。

在人生的路上，必要找到一个好玩具。而只要玩得入迷，就都是好玩具。就像找到一个好爱人，而只要爱得深，什么人都可以做好爱人。记得很久以前我发现一个并不伟大的知名人物，说了一句

我至今认为是伟大的话：人生无非两件事，事业和爱情（既是狭义的，也是广义的）。我想不妨给他加上两个字：过程。事业的过程和爱情的过程。

有了电脑，很好玩，就越写越多了，而且有点书卷气了，有点说教的味道了，别在意。

祝好运！

史铁生

1990年

给盲童朋友^❶

　　各位盲童朋友，我们是朋友。我也是个残疾人，我的腿从二十一岁那年开始不能走路了，到现在，我坐着轮椅又已经度过了二十一年。残疾送给我们的困苦和磨难，我们都心里有数，所以不必说了。以后，毫无疑问，残疾还会一如既往地送给我们困苦和磨难，对此我们得有足够的心理准备。我想，一切外在的艰难和阻碍都不算可怕，只要我们的心理是健康的。

　　譬如说，我们是朋友，但并不因为我们都是残疾人我们才是朋友，所有的健全人其实都是我们的朋友，一切人都应该是朋友。残疾是什么呢？残疾无非是一种局限。你们想看而不能看，我呢，想走却不能走。那么健全人呢，他们想飞但不能飞——这是一个比喻，就是说健全人也有局限，这些局限也送给他们困苦和磨难。很难说，健全人就一定比我们活得容易，因为痛苦和痛苦是不能比出大小来的，就像幸福和幸福也比不出大小来一样。痛苦和幸福都没

---

❶　此信应《三月风》杂志编辑之约而写。——编者注

有一个客观标准，那完全是自我的感受。因此，谁能够保持不屈的勇气，谁就能更多地感受到幸福。生命就是这样一个过程，一个不断超越自身局限的过程，这就是命运，任何人都是一样，在这过程中我们遭遇痛苦、超越局限，从而感受幸福。所以一切人都是平等的，我们毫不特殊。

我们残疾人最渴望的是与健全人平等。那怎么办呢？我想，平等不是可以吃或可以穿的身外之物，它是一种品质，或者一种境界，你有了你就不用别人送给你，你没有，别人也无法送给你。怎么才能有呢？只要消灭了"特殊"，平等自然而然就会来了。就是说，我们不因为身有残疾而有任何特殊感。我们除了比别人少两条腿或少一双眼睛之外，除了比别人多一辆轮椅或多一根盲杖之外，再不比别人少什么和多什么，再没有什么特殊于别人的地方。我们不因为残疾就忍受歧视，也不因为残疾去摘取殊荣。如果我们干得好别人称赞我们，那仅仅是因为我们干得好，而不是因为我们事先已经有了被称赞的优势。我们靠货真价实的工作赢得光荣。当然，我们也不能没有别人的帮助，自尊不意味着拒绝别人的好意。只想帮助别人而一概拒绝别人的帮助，那不是强者，那其实是一种心理的残疾，因为事实上，世界上没有任何人不需要别人的帮助。

我们既不能忘记残疾朋友，又应该努力走出残疾人的小圈子，怀着博大的爱心，自由自在地走进全世界，这是克服残疾、超越局限的最要紧的一步。

史铁生
1993年

给南海一中

南海一中高一（6）班

尹军成老师并全体同学：

来信收到，迟复为歉。体弱，眼花，用惯了电脑，恕我就不手写作答。

第一个问题：称呼。我想，同学们讨论的结果十分准确——先生。我先于你们出生，此事千真万确、铁案如山。但抢先出生并不意味着优势（何况这事也由不得我），后生可畏才是一定。

第二个问题：《我与地坛》一文的标题，可不可以改？其实，取怎样一个标题，完全是出于作者的习惯、喜好，甚至有时是出于偶然，但是木已成舟，改就多余。就比如我的名字，没几个人说好，但改来改去我担心别人就不知道这是谁了。不过各位完全可以据己所好，给它改个天花乱坠；甚至内容也可以改，只不过要注明改编，或其实沧海桑田那已经是你们自己的作品了。取题的原则，在我，一是明确，二是简单，三是平和。我不喜欢太刚猛，太豪华。内容也是这样，要像跟哥们儿说话，不要像站在台上念诗、念贺辞或者悼辞。诗意，要从意境或氛围中渗透出来，不是某些词句的标榜。——这不是结论，只是我自己的看法，仍可探讨。

不过，当然了，要看你写的是什么，如果是轰轰烈烈的事，或许就要有另外一种标题。我刚刚又发了一篇《想念地坛》，开篇第一句话是："想念地坛，主要是想念它的安静。"最后一句话是："我已不在地坛，地坛在我。"是呀，地坛的安静使人安静，离开它多年，一经想起，便油然地安静下来。所以，我——与——地坛，轻轻地念，就够了。

说句题外话：命运无常，安静，或者说镇静，可能是人最要学会的东西。你们离高考也就几百天了，要镇静地准备好镇静。高考真是一件无奈的折磨。今年，我的朋友中（当然是他们的儿女）又有"惨遭不测"者，本来上清华、北大绰绰有余，不知怎么一下就考砸了。那样的打击，我信不比我当年（残了双腿时）的小。怎么办？镇静！一百年的事怎么可以让十几年来决定呢？当你们走到四十岁、五十岁……九十岁，回头看它，不过区区小事。但若失去镇静，就怕会酿成千古恨。我完全没想到，有一天，我对我的病竟有些感恩之情——否则，我怕浮躁、愚蛮如我者大概就会白活。

祝你们快乐，又镇静。

史铁生

2003年6月24日

给北大附中

北大附中高一（3）班
程翔老师暨全体同学：

各位好！

谢谢来信。四十六封，一一读迄，无不让我感动；尤其是封封有感而发，绝少套话。这要归功于程老师的教学思想，当然也与各位高才生的勤学分不开；北大附中嘛，名不虚传。

我只上到初中二年，"文革"一来即告失学，故一直对"高中"二字心存仰慕（更别说大学了）。今得各位夸奖，心中不免沾沾。人都是爱听好话的，虽非罪过，但确是人性之一大弊端，所幸私下常存警惕。

互相称赞的话还是少说，虽然都是真心。说点别的。

我有个小外甥，也上高一，我送给他四个字：诚实，善思。依我的经验，无论古今、未来，也无论做什么工作，这都是最要紧的品质。学历高低，智商优劣，未必是最重要的，我一向以为对情商的培养才是教育的根本。所谓"知己知彼，百战不殆"，"知彼"多属智商，比如分析力、想象力、记忆力，以及审时度势的能力；

"知己"则指情商，是说要有了解自己、把握自己的能力。情智兼优自然最好，却偏偏智商一项由不得人，那就在情商上多下功夫吧。一个人如何才能有所成就呢？依我看，一要知道自己想干吗，二要知道自己能干吗，三还要知道自己必须得干吗。

听说某些人考大学，一味投奔那些高分录取的专业，生怕糟蹋了分，结果倒忘了自己喜欢什么，和自己的才能在哪儿。如此盲从，我担心他一辈子都是人云亦云，即便虚名累累，也难真有作为。

什么是"必须得干"的事呢？比如说你得吃饭吧？得活命吧？凭什么你总能干着自己喜欢的事，却让别人管你的饭？换句话：凭什么他人俗俗，你独雅雅？幸好，二十几岁时我明白了这个理儿，就到街道工厂去干活儿了，先谋一碗饭吧，把自己从负数捞回到零，然后再看看能否得寸进尺。炸酱面有了，再干吗呢？我想起上学时作文一向还好，兼有坷坷坎坎的二十几年给我的感受，便走上了写作这条路。幸好是走下来了，其实走不下来也是很可能的。不过我想，只要能够诚实地审视自己（知己），冷静地分析客观（知彼），谁都会有一条恰当的路走。

说说文学。谁都会说"文学"，但未必说的是一码事；"文学"二字，乃天底下含义最为混淆的词汇之一。常有人问我："您写啥呢？"我说小说。"什么题材呀？"我却回答不出。一般这样提问的人，心中预期的回答大概是"工业题材""农业题材""军事题材"等等——真不知这话是谁发明的，根本就不像话！你要说"工人题材""农民题材"倒还靠谱儿，"文学即人学"嘛。这类不像话的话，我猜是由一度被奉为金科玉律的写作理论——"深入生活"——引出来的。所谓"深入生活"，大概的意思是：你要写作吗？那你就得到农村去待一阵子，到工厂去待一阵子，或者到军营、医院乃至监狱去待一阵子，体验体验那儿的生活。我就想了，以我的身体条件是绝难实践这套理论的，那么是不是说，一个大半时间坐着、少半时间躺着的人就不配写作了？我挺不服气，心想凭什么你们的一阵子是"深入"，我的一辈子倒是"浅入"？于是不管那套，既然有想法，我就写吧。后来我才慢慢明白，要让那条金科玉律不死，非中间加上"思考"二字而不可，即：深入思考生活。其实，任何生活都有深意，惟思考可使之显现。生活，若仅仅是经历，便似一次性消费，惟能够不断地询问它，思考它，向它要求意义，生活才会漫展得深远、辽阔。所谓胸襟宽广，所谓思想敏锐，并不取决于生活的样式，而是与你看它的角度与深度相关。最为深远、辽阔的地方在哪儿？在心里——你心里最为深隐的疑难，和你对它最为诚实的察看。（顺便说一句：诚实，并不是说你就不能有隐私，有秘密，而是说你不要对自己有丝毫隐瞒。有些事说出来不好意思，你也可以不说，但你不可以不想，不能一闭眼就算它没了。）比如作文写得好不好，并不在于你怎样活过，而在于你怎样想过，或想没想过。有同学问我是怎么写《我与地坛》的，我的经验是：到那儿去待一阵子不行，待一辈子也未必就行，而是要想，要问。好像是爱因斯坦说过：提出问题比解答问题更要艰难。超棒——从王迪同学信中学到的一个词——之人，多有一脑袋或一辈子的疑问，因而才有创造。

所以，学习也是一辈子的事。我常跟我的小外甥说，就算你北大了，清华了，博士后了，学习也不过是才开始。世界上那么多书，还不够你读？人世间那么多疑难，还不够你想？读书重要，思想更重要。书是人写的，古圣贤之前并没有书，或只有很少的书，

何以他们竟能写出前无古人的书呢？还是要靠观察，靠感受，靠思想。因此就不必为北不北大、清不清华过分忧虑。你跑一阵子，我跑一辈子，还不行吗？我早就认定自己的智商是中等，这份诚实（情商）让我受益匪浅。俗话说了，小时候胖不算胖。人生确实像爬山，每爬一段都会有些人停下来。北大了，清华了，那不过是说起跑还不错，但生活是马拉松，是铁人三项，是西绪福斯式的没完没了。

再说了，就算你北大了清华了，剑桥了哈佛了，"诺贝尔"了，就一定是成功的人生吗？比如说，你一辈子也没别人一阵子跑得远，这咋办？又比如说，你一阵子比别人一辈子跑得还远，然后又咋办呢？怎样才算成功？什么才是成功的人生？——这就算我留给各位后生高才们的问题吧。提醒一句：这问题，你不回答你就停下来了，你回答你就别想靠一阵子；反正是愚钝如我者已然大半辈子了，尚未找到标准答案。

祝新学期一切顺利！

史铁生

2005年2月21日

给谢菁[1]

谢菁：你好！

　　一个人失望，是因为他有希望；一个说自己"还剩一点点信心"的人，也当合此逻辑。希望和信心，都没有外在的对应物，而只是存在于自己的心中。心里没有的东西，你不可能谈论它；一谈论它，它就有了——不在别处，在自己心中。

　　问题是你给希望与信心的定义都是什么。任何事物，都因遇到挫折或陷入困境而更其彰显。比如希望，一定是在遇到失望或无望之时才更清晰、明确。所以，我的建议是：无论你觉得有没有希望，都要按有希望那样去做。而这就叫有信心，或才叫有信心。信心，就是在并没有成功的保障之时，只因相信某事物是美好的，所以坚持。就像猜谜，总不能先亮出谜底，再让你有信心去猜。

　　十七岁，刚会走路不久。我年近花甲了还常常感叹，很多字面上自幼就懂的话，怎么到现在才弄明白！所以，不管什么事，都不

----

❶ 谢菁：小读者。——编者注

要着急。有些一时想不明白的事，先放一放，也许到十八岁或八十岁就看清楚了。人所能要求自己的，只有走好脚下的每一步路，因为有些事是过后来不及修补的。有个小和尚问老和尚：道路曲折往哪儿看？答：往前看。又问：前面看不清呢？答：看你能看清的地方。再问：大雾迷漫哪儿也看不见呢？答：看好脚下。

你的脚下是什么？高考。既然有能力，就考好它！因为，假如考好了也没用，那么考不好就有用吗？

恕我只能写这几句。我现在隔日透析一次，总是很疲劳。我现在总想：我要是十七岁，哪怕三十七、四十七岁，那该多好！于是转念：咳，五十八岁又何必不把脚下这不多的路走好呢！

祝你好运多多！——保持这样的暗示，也是有好处的。

史铁生
〇九年三月八日

关于生活

活着就是生、老、病、死，
总共四幕的一场戏。
角色已定，
就看你怎么演了，
能否化腐朽为神奇。

好像都都能令人沉迷。
春秋,更是心境有关。我有这这
样的时候:一支平寿很喜欢的
曲子,忽然不耐听了;我看自己写的
那却调子其实之味得很,不然听?

我看小说,写小说,也常有这样
的情况。心境不同使对作品的评价不
同。那些真实的佳作,大约还是有生
力把你在任何时候都拉进它的轨
道——这不叫魅力吗?鬼使神差星
也。

所以我写一篇小说之前总要找
到自己的位置,自己的心态,并从一种
书卷气说起来确,让我说得保障之
种位置和心态。但我说不好是谁
说字于谁。心境一变,起律就乱起
律,乱心境使不一样。所以我很怕
疑我们的书写成长篇,因为没把握
这一口气,这一起律的维持多么
可以行中到哪儿去。

写我好多整之,再议可我们手上应
下深的约补吧。

④

祝 平安!

史铁生
小弟弟 十二月十七

给史铁桥[1]

之一

铁桥：你好！

你和大爷的来信都收到了，谢谢你的鼓励。

病，我已经把它交给老天爷去处理了。也许不久他就要把我分配给阎王爷，也许他把我永远送给了病王爷，也许……而这一切不以我的意志为转移的事情，又何必让它去浪费我的精神呢？我环视了四周，无疑我还活着。尚且活着，就不应该过鬼一般的生活，而需把这不长的人生抓得更紧才是。正确地估计了自己之后，认为还可以做些什么，就置一切于不顾，一条路走到黑了。此时还真的显出破釜沉舟的劲头来了。倘使真的什么也做不成了，也丝毫没有理由不去试一试。命运有它客观的不以自己意志为转移的一面，而又有改造于人的主观能动性的一面。如何能在客观允许的范围内，活

---

❶ 史铁桥：史铁生的堂弟。——编者注

得更有意义，这便是每个人应该考虑的。

至于我无事时写的一些诗、文嘛，都是一些粗俗不堪的东西，无非是为了自行其乐，你乐意看，我抄几首给你，大可不必叫什么"湿"呀"干"呀的。随便起个名儿，解解闷儿，就很抬举了。

抄这几首给你，都是病中所作，大概也要显出一些不健康的色彩。但用唯物论的反映论看问题，这大体也算自然的。我深感到，生活是艺术的泉源，而艺术作品的性质决定于作者的社会存在。在病中写的东西，总离不开"病"这个主题。在农村时写的一些不在身边，想也想不起来了，你乐得看，以后再说吧。

你现在对什么感兴趣呢？我觉得学习要有目标，有侧重。一味地群书博览，到头来只能是个无用的小杂家。我想你上大学是有希望的。上大学有什么不好？知识分子有什么不好？知识分子并非一个阶级，关键在于为谁服务。马列毛都属知识分子，而他们是无产阶级知识分子，因为他们为无产阶级、为人民服务，这样的知识分子无疑是世上最先进的人。而那些以无知自夸的人们，在现时不过是个落后的象征，在历史上只能留下个笑柄，如是而已。

大哥、二哥忙吧？也望收到他们的信。

本来想再为小侄女的名字发表点意见，可今天听说她已经生活在这个世界上了，想当然，名字是已经有了。罢笔。

祝全家好！

铁生

七二年十月十日

之二

铁桥并告大爷大娘及全家：你们好！

来信收到。我在五台山受的轻伤，早已痊愈，请你们放心。此番车祸确乎险极，汽车下山时车闸失灵，以七八十迈速度横冲直撞，可能是文殊菩萨慈悲（五台山为文殊的道场），见这帮无耻文人已有悔悟之意，便命一石撞下汽车前轮，三十几条性命方才有救，汽车底盘在乱石滩上颠了个灵魂出窍做了替死鬼，人才无一重伤。我最幸运，只擦伤一块皮，虽成褥疮，回京静躺一周便已复原。五台撞罢，继续北上，看了应县木塔（世上最大的木结构塔），浑源的悬空寺（恒山脚下），又到大同看了云冈石窟。玩儿得很好，车也撞得极有分寸。那一下若坠入深渊，其实是毫无痛苦的，既来不及怕更来不及愁，当时大脑像车闸一样地失灵了，只有小脑做出左攀右抓的反应，然后车停了，下车一看才有些后怕。这一经历挺好，比见了佛祖还近佛门。

大爷大娘身体还好吧，万望多多保重。今日是我爸爸六十大寿，我的几个朋友来做了一桌菜，庆祝了一下。我爸有长寿的趋势，自认为是得益于大吃肥肉，目前腰围已超过裤长。我想，他的爱喝酽茶可能确是长寿之要，大爷大娘也应喝喝茶；另外就是不爱着急。我还是老样子，腿虽瘫却比别人自由，天地人三不管，也不买"反自由化"的账，只是体力精力仍太有限，好在我高兴了写写，也不拼命。史岚、小朱每天回来。一家人都好，请你们放心。

祝你们全家十一人都好！

铁生

八七年九月二十六日

给史铁桥、彭晓光[1]

铁桥、晓光：

新年好！

铁桥的信早就收到了，我实在想不出什么"开导"之词，因为其实我也是个"旧"派，再则，什么事都是说说容易，做去就难。如今新风大盛，钱欲横流，这于古老得接近了死的中国未必不是好事。既新且乱是变化之初的必然，很像巴尔扎克的"高老头"时代。我自以为不是"辫子兵"，但也时常目怵心惊，很不适应。有人说：最痛苦的时代就是，前脚已在未来，后脚还在过去，人的心灵便常常是分裂的。我们这代人是这条格言最恰当的注脚。仿佛没有什么稳妥的路，不是说"摸着石头过河"吗？我的原则是：钱不能一点儿都不赚，否则生汁无路，反倒让钱牵引得惶恐，能赚时赚一点儿保住衣食不愁，落得个安静的心态。风嘛，不怕其新；地呢，当然还是一块旧地。因而思想不妨更新些，但

---

❶ 彭晓光：史铁桥的妻子。——编者注

心里头还得保持一点儿"天不变，道亦不变"的旧东西。其实，在生命的根本点上，总归是万变不离其宗的，全套的电器之后，人为什么活仍是个问题。

（最近有人写了一篇对我的作品的评论文章，然后我回了作者一信，是用电脑写的，多打印了一份寄给你。信中是我一些杂七杂八的想法。）

选择职业，根本还得看自己的兴趣，挣钱多而非自己的兴趣所在，也是荒唐。但人在三十几岁，似乎还可以多看几条路，多看的目的还是发现自己的兴趣、才能的所在，否则过早地封闭住，也有可能埋没了才能，错过了好事。既在深圳，可以沾沾洋务，将来无论干工业、干商业大约都离不开这个"洋"字，谁让中国落后呢！实际今日之洋务绝对与"殖民地"无关，似乎没有哪个国家想把其民殖到中国来。如果找不到自己感兴趣的职业，那就找个轻闲的饭碗，余下的自由去做自己想做的事。

我还是老样子，与日俱老而已。想写的不少，写好的太少。写什么不是问题，怎么写好却一向是问题。听二哥说，才知道你也发表了一篇小说，一次命中，在那些全力搞文学的人中，亦属罕见。但说老实话，文学是片苦海，搞不好时苦，搞得好是因为苦，当然也乐。文学仿佛从来就是自己的"私事"，自己与自己交谈、发问、回答、向往、回忆、创作、欣赏，都是先施惠于自己，可写出来别人还付钱，又是一项挺乐的职业。

希米现在学德语，终于要干什么，还很朦胧，但这似乎是目前条件下最好的选择。人生如爬山，只要脚下的每一步选择都对头（其实很难保证都对头，都诚心诚意也就行了），就先不管离山顶有多远吧。

我爸和史岚一家也都好!

祝羊年好运!

铁生

九〇年十二月十五日

给陈村❶

之一

陈村：你好！

朱伟❷早把圣诞老人的鞋带给我了，尺码不太合适，也许神力全在于此。

你的大名我闻之已久矣，你的作品不多，但我读过不少，非常喜欢。一直听说你有病，前两天《上海文学》的杨晓敏等来，才知道是类风湿。西安有个朋友，对类风湿有点办法，虽不敢保证百分之百能治好，但也绝非百分之百的吹牛。赵宇共❸说，在黄山笔会时曾跟你说起，你似乎不大以为然。我想，你如有机会去西安，不妨试试。那个大夫叫王逸达，治好过几个类风湿。中医都有点自夸倾向，此人也有那么一点点，不多。他还是有学问、有功底的，对

---

❶ 陈村：友人，作家，现居上海。——编者注
❷ 朱伟：时为《人民文学》编辑，后任《三联生活周刊》主编。——编者注
❸ 赵宇共：友人，作家，现居西安。——编者注

现代医学、科学，乃至文学也都很懂。总之，有机会试一试吧。正巧昨天这位大夫来京，到我家来了一趟，我跟他说起此事，他说至少可使疼痛消失，关节变形不太好办。不知你现在情况如何，千万不要耽误到关节变形（如果那样，就要与我为伍了），抓紧治。此大夫可以做到控制病情，使之不发展。

何时来京，盼到寒舍一聊。

祝好运！

史铁生

1985年7月14日

之二

陈村：你好！

那个极好的女子❶所掌管的那个极好的刊物，我已倾慕多年。惟因自身丑陋，且家境贫寒，不敢表露一点向往之情。贫寒者并非无隔夜之米，乃无隔夜之稿。债主又多，都是黄世仁一样的不好惹，偶尔赚得一稿两稿，全被掠去抵债，终不能攒够盘缠黄浦江头去会佳人。还望仁兄知我苦衷，见了佳人为我多多美言，就说我忠心犹在，再容些时日，待我混出个人样，再去报答那极好的女子和极好的刊物。

你与我不同。我大不了做个负心汉，独身以度残年。你却要为

---

❶ 极好的女子：指杨晓敏，时任《上海文学》小说编辑。——编者注

自己留条后路，因为你是个准残疾人，《三月风》和基金会以不惹
为好。

　　即颂
冬安！

铁生

1985年11月14日

之三

陈村：

　　听说你儿子想不通你弯弯拧拧的为什么是户主，想得有理。看
来接班之事处理不当势必形成抢班。我劝你不如看清形势早早让
位，也做上几天"太上皇"。若恐幼主无知，致江山不稳，亦可由
吴斐❶ "垂帘"些日。想来我比你少些忧虑，人死国亡反倒省事。

　　给"皇上""太上皇""皇太后"拜年，祝陈氏江山永固！

铁生 希米

2003年1月30日

之四

陈村吾兄：好！

　　惠传之种种文帖均已拜读。近日大病，今方见好，故一直想有
回复而无力命键。

---

❶ 吴斐：陈村的妻子。——编者注

有些并不止于张李二文所引出的疑问，说给你听，或可指出我的症结。

1. 不知从什么时候，也不知根据什么，"知识分子"一词好像已被"公认"有了至少三种含意。一是意味着某种共同立场——比如：如何与不如何，你就丧失了一个知识分子的立场。二是这立场又已然暗示了正确与神圣。于是第三，他们还是不可以软弱的人。比之亚当夏娃恰恰是吃了"知识树"的果实才把人类引向堕落一说，甚为感叹其巧合。这也许无关宏旨，但它却引出一个问题——

2. "知识分子"的认定标准是什么？是必须正确和不软弱呢，还又是文凭与职称一类？而且，是谁在那儿做着认定者呢？或者有什么其他的认定程序吗？就算这仍然无关宏旨，可它继续引出一个问题——

3. 如果"在专制之下为了生存，绕道，折中，妥协，甚至沉默，都是每个人合理的行为"，那么"知识分子"呢？如果"知识分子"已然被排除在了"每个人"之外或之上，那么显然，其认定标准及认定程序就显得至关重要了。否则，就怕会有一种莫名的权力"随风潜入夜，润物细无声"，终至有权裁决：你的绕道和软弱合理，他的折中与沉默不行。这让人想起许多往事，以及更远些的历史：一种终于会强大到谁也拿它再没有办法的强权，因其开始时的弱小与确凿代表着正义，而被普遍地忽视。

4. 再比如"道德底线"。可笑如戈者竟要问：道德，可有底线吗？有，当然有，当然得有，必须要有！但我想那是对着自己来的，而且是据个人信仰而设置的，而公共的那一条底线叫法律。信仰的自由，并不基于法律，而是受护于法律。信仰自由是一种事实：你在被窝儿里盼着什么和信着什么谁能管得了呢？法律不过出来帮把手，保护这一私密，或私而不密的心愿不被干涉罢了。那么，既然信仰自由，源于信仰的道德自然也就自由；惟当其违背了法律的时候例外。"底线"意味着什么？意味着不可以，甚至意味着惩罚。自己警告自己是一种优秀品质，自己警告他人就不合适，就让人担心有可能通向强制。

5. 但是但是！如果这样，岂不等于是说谁想干吗就干吗了吗，只要自己做证没有越过道德底线？恐怕是这样。正因为恐怕是这样，所以有了法律。法律才是不仅制己，也可制他的底线！而且，似乎，法律正就是在这样的底线上建立的吧？我想是的。法律是不可能，也不应该建立于道德上线的。法律是诸种价值观的妥协产物，正应了那句话"我反对你，但我保护权利"。但是，这条线可怎么定呢？于是大家呼唤民主。法制，天生来的要呼唤民主。（待续）

2005年4月14日

6. 所以，一个人主张什么，不必一定要全面正确，不必一定就不能软弱，何况"绕道"也有可能包含着另一种思虑。不能认为天下只有一条正确的路，当然你可以这样认为，但你不能要求别人也这样认为……有些事大家都是知道的，不忘记历史的方式也不存在惟一正确。是呀，都不说就总也不会有出路。所以我尊重说者，因为这表明他确凿未忘，而不说者也可能没忘也可能忘了，更有可能助成后人的忘记。但无奈这是个事实，这一事实并不见得只有一种应对。如果千百年来已有的应对——包括仗义执言，和"文死谏"——都不见效，是不是应该想想，这正面埋藏着别的东西？

就像一个谜语屡猜不中，咱是否应该多些思路？

7. 但这是不是一种托词，一种逃避？也许是。但不管是不是，都没有讨论的价值，因为你即便给谁加一个软弱和沉沦的名，你还是改变不了他的实，不能揪着耳朵让谁去勇敢。真正的麻烦就在这儿：很可能，逃避者的错误，比不许逃避者的错误还要小些。谁都懂得"人心齐，泰山移"，但人心还是不齐，我想这倒是最值得探讨的。我想，如果谜底千百年中藏而不露，那它一定是埋在更深和更不易被人想到的地方，比如就藏在我们向来引以为荣的地方？比如并不在某一处，而是散布在我们每日每时的津津乐道中？文化一词已经用滥了，不过我们确实值得看看，我们一向被什么"文"怎样"化"着。比如说，有些地方相信"宁可错放一千，不可错杀一个"，而另外些地方却相信"宁可错杀一千，不可错放一个"。再比如有些人说"不要为我报仇"，而另外些的人说"宁可我负天下人，勿使天下人负我"。如此巨大的反差岂不令人心惊！先不必津津乐道于别人的"虚伪"或不足吧，五十步笑百步尚且可悲，百步笑五十可还骄得什么傲？我们的勇敢有没有希望，我猜不在骨头而在智慧，或许就系于这勇敢能不能勇敢到对准自己，对准自己的文化，对准我们一向自以为是并常引以讥笑他人的那些"粹"。（待续）❶

2005年4月15日

一封关于音乐的信^❶

编辑同志：好！

我一直惭愧并且怀疑我是不是个音乐盲，后来李陀^❷说我是，我就不再怀疑而只剩了惭愧。我确实各方面艺术修养极差，不开玩笑，音乐、美术、京剧，都不懂。有时候不懂装懂，在人们还未识破此诡计之前便及时转换话题，这当然又是一种诡计，这诡计充分说明了我的惭愧之确凿。

现代流行歌曲我不懂，也不爱听，屡次偷偷在家中培养对它的感情，最后还是以关系破裂而告终。但有些美国乡村歌曲和外国流行歌曲，还是喜欢（比如不知哪国的一个叫娜娜的女歌手，和另一个忘记是哪国的胡里奥·伊格莱西亚斯），也仅仅是爱听，说不出个道理来。

古典音乐呢？也不懂，但我多数都爱听，不知道为什么爱听，

---

❶ 此信应上海音乐出版社编辑李章之约而写。——编者注
❷ 李陀：友人，文学评论家。——编者注

听时常能沉进去，但记不住曲名、作者、演唱演奏者和指挥者，百分之九十九的时候能把各种曲子听串（记串），就像有可能认为维也纳波士顿团的指挥是卡拉征尔。至于马勒和马奈谁会画画谁会作曲，总得反复回忆一下才能确定。而签证和护照的关系我也是昨天才弄明白的，后天会否又忘尚难保证。

史铁生与音乐是什么关系呢？他是个爱听他所爱听的音乐的人，且不限于音乐，音响也可以。比如半夜某个下了夜班的小伙子一路呼号着驰过我家门口，比如晌午一个磨剪子磨刀的老人的吆喝，比如礼拜日不知哪家传来的剁肉馅的声音，均属爱听之列。

民歌当然爱听，陕北民歌最好。但各处的民歌也都好，包括国外的。虽然我没去过印尼，没去过南美和非洲，但一听便如置身于那地方，甚至看见了那儿的景物和人情风貌。北方苍凉的歌让人心惊而心醉，热带温暖的歌让人心醉而后心碎（总之没什么好结果）。我常怀疑我上辈子是生活在热带的，这辈子是流放到北方的。看玛·杜拉斯的《情人》时也有此感。

被音乐所感动所迷倒的事时有发生。迷倒，确实，听得躺下来，瞪着眼睛不动，心中既空茫又充实，想来想去不知道都想了什么，事后休想回忆得起来。做梦也是，我总做非常难解的离奇的梦，但记不住。

音乐在我看来，可分两种，一种是叫人跳起来，一种是令人沉进去，我爱听后一种。这后一种又可分为两类：一类是无论你在干什么，一听就"瞪眼卧倒"不动了；另一类则是当你"瞪眼卧倒"不动时才能听，才能听得进去。而于我，又是后一类情形居多。

听音乐还与当时的环境有关，不同环境中的相同音乐，会有完全不同的感受。在闹市中听唢呐总以为谁家在娶媳妇。我常于天黑时去地坛（我家附近的一个公园，原为皇上祭地之处），独坐在老树下，忽听那空阔黑寂的坛中有人吹唢呐，那坛占地几百平方米，四周松柏环绕，独留一块空地，无遮无拦对着夜空，唢呐声无论哀婉还是欢快却都能令人沉迷了。

当然，更与心境有关。我有过这样的时候：一支平素非常喜欢的曲子，忽然不敢听了；或者忽然发现那调子其实乏味得很，不想听了。

我看小说、写小说，也常有这样的情况，心境不同便对作品的评价不同。那些真正的佳作，大约正是有能力在任何时候都把你拉进它的轨道——这才叫魅力吧？鬼使神差是也。所以我写一篇小说之前总要找到自己的位置、自己的心态，并以一种节奏或旋律来确认（或说保障）这种位置和状态，但我说不好是谁决定于谁。心境一变，旋律就乱；旋律一乱，心境便不一样。所以我很怀疑我能否写成长篇，因为没把握这一口气、这一旋律可以维持多久，可以延伸到哪儿去。

等我好好想想，再认可能否应下你的约稿吧。

祝

岁岁平安！

史铁生

1991年12月19日

给苏叶 ^❶

之一

苏叶：你好！

去年过年时收到你的贺卡，未能可复，那时我正大病缠身。从九七年下半年始，我的肾全面告危，几乎不能吃饭，更别说做什么事了，所有时间都用于去医院和吃中药，但毫无效果，九八年开始做血液透析。

因为肾功能衰竭，毒素不能从尿中排出，进入血液，故称尿毒症。所谓血液透析，就是通过机器，过滤全身的血液，把毒素排出去。幸而有了这种疗法，否则必死无疑。透析倒没有什么痛苦，只是滤去毒素的同时也要丢失一些营养，所以身体虚弱，而且每隔两天就要做一次，每次四个半小时，很是麻烦。不过可以视之为"坐班"或"服役"，人难免是要坐班和服役的。

---

❶ 苏叶：友人，作家，编剧，现居南京、台北。——编者注

其实可以换肾，只是我的"膀胱造漏"似有妨碍，大夫和我都犹豫。不过，我还是想再找专家探讨换肾的可能。

现在还是没有很多力气做事，九七、九八两年没有写什么东西。最近开始记下些零碎的想法，不图发表，只作一种度日的计策。这样一来，倒觉轻松自由。"出生入死"一语不知出于何典，想必是哪位大悟者首创。不入死，对生，总难免还有几分隔膜。

此病之前，上帝抓紧时间安排我去了一趟瑞典，又去了一趟美国。世界果然是有另外的一些很美的地方。这很像是一次向世界的告别，然后我就要踏踏实实地在北京住下去了。这一回真是很难再去别的地方了——肾留在了医院，不得不每隔两天就去会它一次。

问候郭枫❶先生。你们什么时候来北京，还是要到我家坐坐。

希米也好，上班也忙，在家也忙。希米也问候你们。

祝新年好运！己卯吉祥！

铁生
1998年12月29日

之二

苏叶：你好！

《无字》画集收到。看了几遍，想了几天，才敢回信。

---

❶ 郭枫：苏叶的丈夫，诗人，散文家，台北新地出版社社长。——编者注

我从未特意想过关于画的事，只是看了让我感动的便觉得好，对于笔墨功夫尤其外行。我把《无字》拿给一位专家看，他说看起来很不错，但这类画看一次不行，反复看几次还觉得好才行。

在我想，艺术的价值，从来都是"化腐朽为神奇"。俗常的生活所流露出的惊讶，僵死的器物所闪现出的灵光，公认的文字所承载的个性等等这些吧，总之都是据实而虚，因而得其张力。若只见"神奇"，全无"腐朽"，力量反倒小了。戏剧的所谓"间离"，所谓"陌生化"，大约也是此意。《无字》给我的感觉是，神奇已经足够，缺的倒是"地气"，就好像一件事不知从何说起。不过，对于艺术，尤其当今，最珍贵的正是"得意忘形"。对于你这颗生就的不拘之心，倒是恰逢其时。不，不是恰逢其时，是正见其价值。一切真正的作品，说了归齐都是心灵的轨迹。按照里尔克的说法，就是一切都有了，还要等待上帝的委托。

我还是按部就班地活着，只是老得连胳膊也没了力气，靠自己都上不去床了。希米费尽心机，从国外给我买来一架小吊车——名曰"移位机"，可把某史从任何地方吊起来，放到任何地方去。此外一切如旧，隔日透析。年初得了场肺炎，驾鹤不知所归，才有今天。刚刚恢复到可以写写字了，看样子来日尚难确计。

希米每日早出晚归，里里外外一条腿。我是一切坐享其成，高高在上得连人民币都快不认识了。幸好找了个小阿姨，人很不错，虽说马虎些，但能把别人家的事当自己的事做。可她家的宝贝弟弟——四个姐姐之后惟一的男孩儿，且大学即将毕业——忽又重病，目前住在朝阳医院。这些天我们都为他祈祷，为他忙。

活着就是生、老、病、死，总共四幕的一场戏。角色已定，就看你怎么演了，能否化腐朽为神奇。

问候郭枫！祝你们身体都好！

铁生和希米

2010年10月31日

给洪如冰❶

之一

洪如冰：你好！

龙年吉祥。

6月来信早复，还是寄去澳洲。不过丢就丢了，无关紧要。

这个全球火爆的"千禧年"，真不知喜从何来。若是纪念耶稣的事迹和精神也好，但由各类政府和商贾操持的庆典恰无此意。缺嘴的中国农民找个由头过节，原是想解一回馋，全世界都至于如此吗？喜庆之风不要变成毛病才好。与其是庆喜，莫如是警告：下一个千年，地球不要被人类的贪婪折腾得更贫困就好。

你说，下一个千年中我的病说不定会奇迹般地消除，这自然是美好祝愿，应当感谢，只是与实情相距太远。其实现在活着的人多

---

❶ 洪如冰：友人，相识于70年代，现居澳大利亚。——编者注

半要在下一个百年中就死去，而我的死因最可能是眼下这个病。乐观还是建筑在直面现实上更为可靠，况乎死有何悲？无非灵魂又一次迁徙，就像曾经平白无故地迁来此球、此国、此一肉身中暂住。"下凡"与"下放"异曲同工，一番磨炼自是难免。所要祈祷的，不是来生能有一份全优命运，而是：今生辛苦之所得，不至于到了来世就全忘光。

　　精力不济，恕不多写。祝好！

史铁生

己卯岁末

之二

洪如冰：你好！

　　来信和转发的文件都收到。我看那篇"采访"不像是真的，中国领导人不会那么坦率。

　　依我看，……问题的根本，不在政治，而在文化。比如说，民主的蛋不可能是民主的鸡下的，而是文化的鸡下的。腐败的政府（政治）固然可怕，但更可怕的是腐败的民众（民风）。有位大哲人说："'文化'最初的意思是农耕：即开垦土壤，栽培作物，照料土壤并按其特性提高它的质量。"所谓文化，即文而化之，需要有数代人点点滴滴地培养起民众的土壤，而后可望下出一颗民主的蛋来。而政治那只鸡，多属斗鸡，难免是武而迫之，没有民主的土壤，却都插一面民主的旗。几千年来，中国的政治都是斗鸡们的"胜者王侯败者寇"，土壤就这么沦落得粗陋、贫瘠。

鲁迅看出了文化之于改造国民性的必要，他选择了斗士，他有些急。改造文化，看来需要培养。培养得好吗？还是文化的力量永远败于武化的力量？鬼知道。问中国有没有希望，说"有"的是马屁精，说"没有"的流于煽情，只好是有没有希望都得按照有希望那样去做。

这问题太复杂了，是人类研究了几千年的事。

史铁生

2010年12月3日

给大爷[1]

大爷：您好！

　　来信收到。整天瞎忙，未及时回信，多多原谅。

　　您能在姐姐家多住些时日最好，有人照顾您，闲来游山逛水，或读书遐想，岂不乐哉？换一种心情，看世间万物或可有不同的角度。其实所有的事，都是生者的事，所谓"万物皆备于我"，都在于人怎样看它。

　　中国人多忌言死，好像有谁终于能躲过去似的。您能如此豁达地想这件事，真好。大娘去世突然，固令人悲伤，但她安然而归，免去许多折磨，也是她善良一生的善果、艰难一世的酬慰吧。咱家的人好像都这样，我爸，我妈，我奶奶，都是一下子就走了。三姨叔有一回谈到我爸，说"二姨兄一生仁义，死都不拖累人"，说得我辛酸，不由得便想：只有来生报答他了。

　　来生，是一件既不可证实也不可证伪的事。不过有时想想，每

---

① 大爷：史铁生的大伯史耀增。——编者注

一个人不都是从那虚无中来的吗？何必又怕回那虚无中去？况且，既已从那虚无中来过，为何不可再从那虚无中来呢？再想想，有哪一个从那虚无中来的人，不自称是"我"呢？至于姓名，不过是个社会性符号。曾有道家人跟我说：死，不过是搬一回家。

寄上我最近出的一本书，全是我在透析后写的，其中多也写到对生死的理解。此书不久香港"三联"还要出一版。

我还是照常透析，一周三次，如同上班，已经习惯。希米忙着她的一摊子事。身体都好，您别惦记。

姐姐的糖尿病千万要注意，最近我才知道了这种病的严重性，但不要害怕，只要不使其发展。这个年龄，最要紧的是健康。

祝全家好！

任　铁生

2002年6月18日

给陆星儿^❶

陆星儿：你好！

听安忆说，你病了。相隔太远，难以慰问，寄拙作一本，供病中解闷儿。此书正如其名，都是我在透析之余零零碎碎写成的。

生病百弊，也有一利，即可觉得是放假，没什么任务，想睡便睡，想写便写，一切随心所愿，写来倒多自由。这是一个资深病者的经验。你初来病界，万勿以为无利可图。刘墉说：世人终日慌忙，所为无非名利二字。此不过一家之见，其实更根本的两个字是：生死。无端而降生人间者，究因论果，总归逃避不开生死一题；况且这是60分的一道题。若看此题太难，绕开不做，其余的题便都做满也还是不及格。这是一道近似"哥德巴赫猜想"式的题，先给出结果——生乃一次旅游，死则一期长假——然后要你证明过程。这实在不是一道简单的题，谁说它简单谁就还没弄懂题意。

扯远了，回过头再说病。资深病者的另一种经验是：把治疗交

---

❶ 陆星儿：作家，2004 年病逝。——编者注

给医学（不必自己当大夫），把命运交给上帝（人不可能找到一条彻底平安的路），惟把面对现实的坦然态度留给自己。还有，资深病者的最后一条经验是：旁观者"轻"——甚至"轻得令人不能承受"。所以，一是要把病检查清楚，做到自己心中有数；二是及时决定对策，不可贻误时机。

初次给你写信，就这么冒昧地说生说死，似多不当。倘不忌讳，咱们还可以再说。说不定，说来说去，你就说出一本书来。

祝你好运！

史铁生

2002年6月23日

给田壮壮❶

壮壮：你好！

你送的三张碟，我认真地都看了。有点想法想跟你说说，不管对不对。

最突出的一个想法是：玉纹❷的内心独白删得可惜了。在我看，不仅不要删，那反而（对于重拍）是大有可为之处。因为，那独白，绝不只是为了视点，更不单单是要拉近与观众的距离，在我理解，那特特地是要划出一个孤独、封闭的玉纹的世界。什么人会整天自己跟自己说话，而且尽是些多余的话？一个囚徒，一个与世界隔离的人，一个面对巨大精神压迫而无以诉说者。而那独白，举重若轻一下子就得到了这种效果——即于众人皆在的世界里（如画面和表演所呈现的），开辟出了玉纹所独在的世界（靠的恰恰是那缓慢且莫名的内心独白）。这效果，在我想，是除此手段再用多少

---

❶ 田壮壮：友人，导演。——编者注
❷ 玉纹：《小城之春》中的人物。——编者注

细节去营造都难达到的。所以那独白才似无视常理，有时竟与画面重叠，仿佛拉洋篇，解说似的多此一举。作为通常的画外音，那无疑是多余，但对于一个无路可走的心魂当属恰如其分，是玉纹仍然活着的惟一证据。

这是费穆先生的本意，还是我的误读，或附会？我想应该是前者，否则按常理，他怎会看不出这独白的重叠与啰嗦？但我斗胆设想，费先生的孤胆似还有些畏惧——这条独白的线索不可以一贯到底吗？比如说——在志忱❶到来之前，那独白是一个封闭绝望的世界；志忱到来之后，那独白（譬如"我就来，我就来"），则是一个尚在囚禁但忽被惊动的心魂，以为不期然看到了一种希望时所有的兴奋、奔突、逡巡；而当玉纹与志忱心乱情迷似乎要破墙而出之际，那独白的世界即告悄然消散，不知不觉地就没了；再到最后，志忱走了，或从礼言❷赴死之际始，那独白就又渐渐浮出，即玉纹已隐隐感到那仍是她逃脱不了的命运。

另外我想，要论困苦，礼言不见得比玉纹的轻浅。若玉纹是独白的锁定，礼言则几乎是无言的湮灭。"他也不应该死呀"（大意），这样的台词太过直白。尤其是，这样的人也许就死了，死得无声无息，死成永久的沉默；惟其如此，"他也不应该死呀"才喟叹得深重。我胡想：设若礼言真就死了，会怎样？志忱和玉纹就可解脱？就可身魂俱爽去投小城之外的光明了？——这些想法，于此片或属多余。我只是想，当初的影片可能还是拘泥于人性解放，但人性的

---

❶ 志忱：《小城之春》中的人物。——编者注
❷ 礼言：《小城之春》中的人物。——编者注

解放，曾经（或仍然）附带着多少人性的湮灭和对人性处境的逃避呀。

可否用无言，用枯坐，用背影，也为礼言划出一个沉默的世界？费片中，有一场礼言发现志忱和玉纹告别的戏，我想，也许倒是志忱和玉纹不止一次地发现礼言悄然离去的背影要更好些。那个沉默的世界几乎连痛苦的力气都没了，惟沉默和不断地沉默下去，沉默到似乎那躯壳中从不存在一个人的心魂。在我想，礼言是绝不要哭的，哭是最轻浅的悲伤，礼言早应该哭完了；如今礼言觉察了志忱与玉纹的关系，对于这个无望又善良的人来说，只不过是久悬未决的一个问题终于有了答案：我确凿是多余了。他应该是静静地走。哪有哭，然后自杀的？

设若礼言果真死了，后面想来更有戏做；那时志忱和玉纹的纠葛或可至一个新的境界。结尾可以开放：如此局面下，志忱当然还是要走的，但逃离的是其形，永远不能解脱的是其心，他多半会给玉纹留下个话儿，留下个模棱的期冀。玉纹呢？心知未来仍是悬疑，因而独白再现；此时的独白，有多种意味——可能重归封闭，可能又是一个湮灭，也可能有另外的前途。从而"小城"才不白白"之春"一场，但也可能就这么白白。

无言的湮灭，独白的囚禁，以及未来的悬疑——悲观如我者，看这几乎是人生根本的处境，而这才构成戏剧的张力、生活的立体吧。你说拉开距离，似仅指今日与往昔的时间距离，观众与剧情的位置距离，但重要的是（剧中与剧外）心与心的距离，或心对心的封闭。人性的一时压制，似不难解放（譬如礼言果真一命呜呼），惟娜拉走后如何，还是永远的疑虑。在我想，小城的寓意，绝不止于一起恋人关系的布设与周旋，几年前从电视上看到此片，竟留下与《去年在马里昂巴》相近的印象，如今细看才知错记。但何以错记呢？绝不无缘无故。此片中若有若无地也飘荡着一缕气息，像《去年在马里昂巴》那样的一个消息：要我们从现实醒回到梦中去！中国人轻梦想，重实际（有梦也多落在实处，比如发财，比如分房和得奖），这戏于是令我惊讶中国早有大师，只是又被埋没。

其他都好，不多说。词不达意，见面再聊。信，惟一的好处是可以斟酌，此外一无足取。

祝好，并问候令堂大人！有一年知青晚会，她特意从主席台上下来跟我说话。前些天在电视上见到她，老人家的真诚、坦荡、毫无修饰的言词让我感动。

铁生

2002年8月15日

给孙立哲❶

立哲：你好！

前几天我和老薛❷、铁良❸、徐杰❹一起，去看了你的"香堂村"别墅。感受是：你不如把它退了，或者卖了。自然环境应该说还好，只是已被周围的建筑所破坏——哪里还是别墅？全然一处乡村企业家的集散地。楼架子已把审美风格限定，再难有什么可以想象、发挥（徐杰语）。就算你能把它盖得不同凡响，最好的结果也是鹤立鸡群，与周围的环境不能和谐。且据懂建筑的人说，这楼架子搭得一满不耐❺。更何况，将来的水电也未必能满足需要（铁良语）。众人都说：一百万扔在这儿实在不值。这老些钱，在北京周围各区县找，有的是好房好地好景致。

老薛认识个人，手里有四十亩地（平谷），一直想出租，要价

---

❶ 孙立哲：清华附中初中校友，现居北京、芝加哥。——编者注
❷ 老薛：薛剑华，友人。——编者注
❸ 铁良：张铁良，清华附中初中校友。——编者注
❹ 徐杰：友人，机械工程师，现居美国。——编者注
❺ 一满不耐：陕北方言，完全不结实、根本不牢固之意。——编者注

一年一万至一万五。就是说，五十年也就五十至七十万。四十亩呀，由着你盖什么吧，还可种树、造园、挖塘、养殖，或盖些房出租，那可是多么值！老薛要我和他一起去看那四十亩地，这几天我有点儿累。你要是觉着好，我们可以先代你去侦察。

总之，一百万，不可以扔得如此草率。至少应该这儿那儿的再多看看。在我想，至少应该是一块开阔地，一个幽静的地方。避开人群，是休息和别墅的要点。大老远跑到郊区去，图什么？不见得还是扎进人堆、楼堆吧？只要开阔、幽静，景可以自己造，有树有水，怡然自得即是好景致。

柏大夫的话：从没见老薛对一件事这么上心。老薛的意思是：不怕慢，就怕盖完了后悔。以前觉得老薛不善言，这几次他倒是滔滔不绝。老薛是一筋不缺。

当然，大主意还得司令自己拿，也许你另有图谋。

我还好，已奉大夫之命，改为每星期透析三次；大夫说，我的总时间不足。于是乎，我的一周现以四日计。见面儿聊。

铁生

2002年9月6日

给刘一兵❶

刘一兵先生：您好！

蓝岛❷巧遇，实属缘分，我现在很少出行。写作之乐，一是得其佳思，一是得遇知音。故当是我谢您。

其实，电动轮椅我并不急购，只因坐下一辆已用多年，时不时地出些毛病了，惟恐一旦报废我即刻寸步难行，故提前选备。您前日介绍的一种，好处是轻便，缺憾是爬坡能力弱些（只有10°），就怕进我家门也不容易。我现在用这辆（美国产），自重虽大，但二十几度的坡也轻松爬得，小沟小坎更是不在话下。前回说过的那种德国货，跟我这辆差不多，但无现货。我是想，日本的这类东西应该不错，所以贸然相问，您不必着急，慢慢看着。您说还有一种雅马哈的样车，方便的话也不妨看看。总之是麻烦您了，多谢多谢。

---

❶ 刘一兵：时为北京电影学院文学系教授。——编者注
❷ 蓝岛：北京蓝岛大厦。——编者注

您的校友留言，我已读过。拙文能得您如此评价，我也像喝了酒。生活艰难，大家都是一样，去者人不知，留下来的总归得有点儿办法。大导演伍迪·艾伦说："生活分为两种，一种叫作悲惨的生活，另一种叫作非常悲惨的生活，艺术惟使我们摆脱后一种。"据此，我刚刚写过一篇短文，标题是《乐观的根据》，意思是：既然在苦难逃，乐观以对倒是更加合情合理。

现代人的问题是太忙，万事不及细想，细想则会另有通途。我的优势仅仅在于，不由分说命运已替我做出选择——常独对四壁，便只剩了想。如今年近花甲，倒看作是上帝的恩惠了。

我住得应该离您不远，有空儿可来舍下一聊。来前先通电话，最好是晚饭后七八点钟。

即祝安康！

史铁生

〇八年六月八日

关于文学

文学永葆它的探问激情，同时又总是向着那一片无边无际、混沌不清的灵魂领域。正因其无边无际和混沌不清，这探问才永无止处，激情也才不会衰退。

王安忆：你好！

先后得到你三本集子，我只拿得出一本奉上，我占了便宜。不过我这一本是全部家当，你那三本恐怕不是你的作品的一半。这样算我们都没吃亏。

此集是七九——八四年作品的90%，其中又有90%不宜再读。不过所有的字都是自己一笔一划写的，所有的字都值一分五厘，凑合上一起计划买些更有用的东西。

留个纪念算了，不要再读。再读的结果是什么我知道。我愿意给人留个好印象。

即好
大安！

史铁生
八六年七月廿日

给王安忆

之一

王安忆：

你好！

未能见面一聊，很遗憾。我记得好像见过你，在文讲所，那次是袁可嘉❶讲课。

坦白说，《清平湾》❷是受了汪曾祺的影响。我最喜欢他的作品，主要是他的语言。

我很喜欢的是他的《七里茶坊》，但他的这篇作品似乎没有得到应有的重视。这大约与中国小说历来不太重视语言有关。其实语言绝不仅仅是文字组合的问题，它是审美角度的体现，而审美角度又体现着作者的思想深度。我在读《七里茶坊》时，总能感到汪曾祺的神态、目光——看着这个世界时的目光；常感到我是在和他

---

❶ 袁可嘉：诗人，学者，翻译家。——编者注
❷ 《清平湾》：即《我的遥远的清平湾》。下同。——编者注

默然对坐着，品味着人生的滋味，辛、酸、苦、辣、喜、怒、哀、乐，全在淡淡的几句对话中了。他的语言的妙处就在于给了谈者一个"默然"的机会，默然之中，不知所思，却又无所不思，说的是区区小事，却又使人忘却"营营"，能想到宇宙中去。海明威更是这样。我不认识汪，但有一次见他在文章中说，他是与海明威相通的，我信。大约通就通在审美角度上了。我说《清平湾》受了汪的影响，绝不是说此文敢与《七里茶坊》相比。我只是从他那儿感到了语言的重要。高行健在他那本引起争论的书中说到过语言，我觉得很正确。这大概就是旋律的问题、作者用语言构成旋律。一首无标题音乐之所以能使人感到作曲家对世界、人生的看法，大约更能说明语言绝不仅仅是语言本身的问题。

我的牛吹得够厉害了。陕北老乡有句话："多吃饭身体好，少说话威信高。"

不过既然通信，何不吹吹牛呢！

我近年来看的刊物不多，老实说，觉得可看的太少。不过我的很多善于挑剔的朋友都很欣赏"女作家中的王安忆"。不恭维。

我这辈子大约只能写写短篇了，充其量试试中篇。生活面有限，慢慢就会显出后劲不足了。文学又纯粹是马拉松，一过三万米，是骡子是马就看出来了。好在我有充分的心理准备，所以今天这牛是不吹白不吹，过了这村儿，没这店门儿了。

头次通信就放肆得很，请原谅。来京时，一定来聊聊。

祝好！

史铁生

八三年三月三十日

之二

王安忆：

你好！

我周围的一些朋友，也常常说起文学与气功的相似，没想到你也这样看，真妙。

我们常常说，海明威等名家就在于练出了丹田气，而后来的一些模仿者都只练了一些花架子，比画起来虽然貌似，却是神离。文学与气功确实相似之处太多，气功在入静时常常是想"天地玄黄，宇宙洪荒"，"飘飘欲仙，优哉游哉"，于是入了静，忘却"营营"神清意朗。文学也是要忘却"营营"，否则只能发泄私愤，以致弄得歇斯底里起来。如能想想"宇宙洪荒"，甚至站在星球之外来看这人世，大约就能把人生看得明白一些，不至蝇营狗苟了。这可能就是"神通"的妙用。因为文学未必能教会人们生活，只希望其能净化人的灵魂，陶冶人的感情，等等，（有个伟人这样说过，记不清是谁了，我以为太对了。）我非常同意你的"修炼"说，常说文如其人，只有人修到了"悟"的境界，文章写来才能使读者去悟。悟痛苦，悟存在，悟心灵何以会扭曲，绝不会去悟党委书记的报告，或"形势大好"。形势即使大好，也用不着悟。倘若悟起来也是悟过去：人类何以竟愿意相互厮杀，均于其中演了一回悲剧。于是有了悲剧。悟着悟着笑了，于是有了喜剧……悟着悟着，发现若干好人都在抽风，于是有了荒诞剧。千万种创造都发于悟性之中。正如你说，不能靠练。"练习写小说"这句话过于滑稽。

我常常感到自己悟性不足，有时回过头去看看，竟不知自己写的东西于人类究竟有什么用处。"光明剧"固然最可笑，但肤浅的悲剧充其量也不过是忆苦思甜，说烦了，说腻了，狗屁不是了。真像有人说的：你把人家的事写下来，还向人家要钱。

现在到处在大谈现代派，有干脆否定的，有叫喊形式是最重要的。其实现代派的很多好形式也都与悟性分不开，人家正是因为对生活、对人生、对存在有了新的理解，上升到了新的哲学、美学高度，才创造出那些好形式。不知荒诞哲学之所以然，就开始荒诞派创作，本身就成了荒诞的事实。人生的荒诞正在于这种失却悟性的苟活、苟学与苟作。信中难于畅叙，总之悟性最重要。

问你爱人好！他对《清平湾》的评价，几乎使我飘飘然，那两句评语正是我想得到的。

祝好！

史铁生

八三年四月十七日

之三

安忆：你好！

电话实在不是一种好的交流工具，还是写信吧。

▲从你的意见中我感到，你期待于《丁一》❶的是美好理想，

---

❶《丁一》以及后文中的《丁》，均指长篇小说《我的丁一之旅》。下同。——编者注

或爱情升华，所以你认为写到"戏剧乌托邦"就够了。但我的着眼点更在于理想的继续，或理想的疑难。

▲再美好的理想，若一旦付诸实现便要倒塌，人们就会放弃对它的信任。比如爱情，时髦的意见是说压根儿就没有那回事，有的只是婚姻或性。怎么会这样？就因为，爱情，作为理想自有千般妙境，而一入实际则难免疑难种种。疑难的根本在于：（1）没有哪种理想是不希望实现的。（2）但理想是很难自然而然、原原本本地实现的，尤其是关涉到他人。（3）因此，常要借助权力来推行或维系。（4）结果无非两种：一是理想实现，推行和维系者功成身退；一种是权力壮大，而理想衰亡。

▲因此可以说：理想的难点并不在于它的诞生，而在于它的继续。事实上，已没有什么不同于先人的理想可供诞生了，所有美好的愿望都在历史中屡屡有过，但屡屡的结果常不如愿；尤其，美好的理想竟可以导致惨痛的现实。

▲所谓美好理想，可由一个"爱"字概括，即无论什么信仰终归都要落在对他者（别人）的态度上。作为他者之一的自然力量，说到底是人力所不能改变的，人能够期求改善的从来都只是人与人的关系，或人对其类的态度。爱所以是一种理想，而不止于性。

▲作为理想，爱注定要指向普遍。然而，爱若真能普遍，爱即消失。或许应该感恩：也正因为爱难于普遍，这理想才不会耗散。做点浪漫的猜想吧：也许，性爱，正是上帝的一片苦心——把爱的种子，保存于两性之间。上帝把人分开两半，让人在最小的单位（个体）上亦不得独自完整，这很像是为人类预制了一个绝难违背的命令——亲和，或爱的趋向。事实正也是这样：人不可能不向往他者。

▲所以我说，性爱是一切人类理想的源头，或征兆——亚当与夏娃的头一宗愿望就是相互寻找。但这源头或许还算不得理想，惟当人的眺望更加辽阔、期待这一美好情感能够扩展到更大单位（比如说种群、国家、人类）之时，理想才算诞生。然而，大凡理想没有不希望它实现的，而且这不是错误，虽然它非常可能引出歧途，甚至于导致悲惨的现实。

▲话于是就说回来了：（1）这理想好不好？（丁❶问）（2）好，但不等于行。（娥❷说）（3）为什么不行？（对此依❸有所答）（4）就算三个人行，再扩大些怎么样？（秦汉❹语）（5）接下来的问题必然是：那么理想还要不要有（假设是好的）？要的话，应该放在怎样的位置上？（《丁》文的回答是：戏剧！）（6）戏剧的本质，所以是梦想可以实现的地方，而不单是模仿已在之物的场所。戏剧是心与心的约定，梦与梦的沟通，是于现实之外的另一次生命实现。（7）因而戏剧还包含了一个隐喻：理想虽不都可以实现，但理想仍要保存，仍要倡导。惟有戏剧（泛指艺术）才是超越时空的可能，而非来世。来世不过是前世的今生，生命的处境不会在那儿有质的改变（对此，丁一与那"老魂"有过探讨），惟不屈于现实的梦愿才可超越现实之维的束缚（所以离开丁一，我仍要追寻，尽管这追寻未必不会再次败于某丁）。因而可以说，爱的意义或理想的本质，更在追寻（所以，"因为我的寻找，夏娃她必定在着"）。（8）但人毕竟难逃现实。就算丁、娥、萨❺成功了又怎样呢？一个巨大的白昼（所谓"正常生活"）仍在四周——这不是上帝的错误，但理想

---

❶❷❸❹❺ 丁、娥、依、秦汉、萨：均为《我的丁一之旅》中的人物。——编者注

的位置并未解决。所以，我以为我并不是在写一个"三人恋"或"一夫多妻"。（9）"世界大舞台"与"舞台小世界"的区别（秦汉语）常被忽略。实现理想的诱惑，是人难于抵挡的（蛇看得清楚：人想当神，其实又当不成神）。而一旦要把那个"戏剧乌托邦"做成现实，毫不妥协地推行或维系，强权也就很现实了。强权未必都有一个丑恶的出发点。

以上是与你第二次通话之前写的，大概陈述了我写《丁一》的初衷与思路。我知道，我们要想互相说服是一件很困难的事。但我既然写了（因为透析和来人，用了好几天），就还是给你看看吧。我不是会说感谢之词的人，但我还是得说，你、肖元敏❶和陈村对我一向的爱护我是太知道了——我希望你怀疑什么也别怀疑这一点。我是个固执的人，这毫无疑问。其实我看重的事就那么几件；现在，其中的两件有了矛盾。想想挺有意思：我们的"乌托邦"中发生了意见不一，幸好我们不会像丁一那样（我毕竟不止于他的皮囊），我们明确理想的位置。

▲你说"理想不对现实负责"，其实这也是我的意思。丁一和"丹青岛"的失败，正是要从反面来表达此意，即不管多么真诚、美好的愿望，一旦要靠权力来维系，便面临着一种危险。无论是在历史中，还是在爱情中，对此危险的警惕远远少于对理想的畅想。

129

---

❶ 肖元敏：时任《收获》杂志副主编。——编者注

▲我执意要引入"丹青岛",主要两个原因。一个:我不想让丁一行凶,尤其是当他与娥有了那么美好的"戏剧",以及对爱情有了那么深的理解之后。另一个:美好的理想却又是可能导致惨烈悲剧的;或者说,恨怨是可能在一瞬间酿造那样的悲剧的;或用佛门的说法是:恨怨,即已动了杀机。所以我想让这两种可能(结局)并列。说真的,我一直相信顾城❶绝不是谋杀,而是一时兴起没管住他的那只野兽,虽然与他的心性不无关系。

▲我以为,"丹青岛"不等于顾城的那个岛,后者只是从前者中抽出来的一个理想因素,加一个惨烈结果,再无其他。当然,读者肯定会想到顾城的事,想到就想到吧,多想想也好。

▲我并不认识顾城,但我不认为他那是纯粹的"一夫多妻"。"一夫多妻",或是由社会法权所认可,或是由个人强权所建立,丁与顾曾经都不是这样。只说丁一吧,其"乌托邦"的建立,并没有权力的参与,而恰是出于自由,和为了自由。只是当统一发生破裂,如果他要用权力来维系,那便与"一夫多妻"没啥两样了。由一个自由的理想出发,竟又走回到权力或权力的边缘,这正是我想写的。

▲理想的危险在于,现实中的绝大多数人——尤其是男人社会所造就的男人或男人意识——都有着权力倾向,或几千年权力文化留下的权力沉积。甚至,这竟是从动物阶段就存留下来的东西:基因。所以,基因是属于肉身(皮囊,丁一)的,而期求超越它的是灵魂(我,即人类自古的心魂取向;而非史铁生)。

---

❶ 顾城:诗人,朦胧诗派代表人物。——编者注

▲那部电影的事就不说了。我又看了一遍，没有它，下边不好写。

就写到这儿吧。无论好坏，我也没力气再改了。就像跑马拉松，如果不知不觉多跑了两千米大概也能跑下来，但要是撞了线裁判又说还有两千米，我估计还能再跑的人就不多了。

让大伙儿跟着忙活了老半天，只好请各位多多原谅了，只好向各位多多致歉了。

祝一切好！问候李章❶！

史铁生

2005年8月30日

---

❶ 李章：王安忆的丈夫。——编者注

给《文学评论》编辑部的信

《文学评论》编辑部同志：

　　吴俊的文章我看过了，确实写得不错。文中论及的那个史铁生很像我，我看干脆就认为那是我吧。除了他没有说到的，他几乎都说对了，你们若要发就发吧，作者肯定没犯"诽谤罪"和任何"罪"。只是这些搞心理分析的人太可怕了！我担心这样发展下去人还有什么谜可猜呢？而无谜可猜的世界才真正是一个可怕的世界呢！好在上帝（又一次说到他）比我们智商高，他将永远提供给我们谜语，我们一起来做这游戏，世界就恰当了。开开玩笑，否则我说什么呢？老窝已给人家掏了去。不过，作者也如他的恩师弗洛伊德一样，偶尔犯着牵强的毛病，而且弗氏一般总是有理的——你若不信他有理，恰恰更证明了他有理。因为他在谈潜意识——这责任就只好还归到上帝去。在众多的心理学家中，阿德勒比弗洛伊德更讨人喜欢。

　　总之，我真心觉得吴俊的文章写得不错，甚至是相当好。"残疾"问题若能再深且广泛研究一下，还可以有更深且广的意蕴，那就是人的广义残疾，即人的命运的局限——不知吴俊愿不愿就此再写篇文章。

　　即颂
编安！

　　　　　　　　　　　　　　　　　　　史铁生
　　　　　　　　　　　　　　　八八年九月廿二日

给安妮[1]

之一

安妮：您好！

　　来信收到。我最近正与别人合作写一部电影剧本，很大程度上是为了生计，电影剧本的稿费要比小说和散文高得多。写电影，基本上是奉命之作，要根据导演和电影市场的要求去写。写完一稿了，导演不满意，还要再写一稿，很累，以致血压也高上去。所以，眼下我有点不敢接受您的约稿。我想，就在这封信中，谈谈我何以特别喜欢玛格丽特·杜拉斯和阿兰·罗伯-格里耶的作品吧。

　　其实，法国当代文学我读得很少，杜拉斯和罗伯-格里耶的作品我也只读过几篇。所以我不如明智些，把话题限制得尽量小：单就罗伯-格里耶的《去年在马里昂巳》和杜拉斯的《情人》说说我

----

❶ 安妮：法国汉学家，史铁生作品的法文译者。——编者注

的感受。

我曾对搞比较文学的朋友说过：为什么不在中国的《红楼梦》与法国的《去年在马里昂巴》之间做些文章呢？这两部作品的形式殊异，但其意旨却有大同。《红楼梦》是中国小说最传统的写法，曹雪芹生于二百多年前；《去年在马里昂巴》是法国新小说派的代表作，罗伯-格里耶活在当代。但这并不妨碍我从中看到，两部作品或两位作家的意趣有着极为相似的由来与投奔。罗伯-格里耶在他这部作品的导言中写道："在这个封闭的、令人窒息的天地里，人和物好像都是某种魔力的受害者，就好像在梦中被一种无法抵御的诱惑所驱使，企图改变一下这种驾驭和设法逃跑都是枉费心机的。"又写道："她（女主角Ａ）好像接受成为陌生人（男主角Ｘ）所期待的人，跟他一起出走，去寻找某种东西，某种尚无名状的东西，某种别有天地的东西：爱情，诗境，自由……或许死亡……"我感到，这也正是曹雪芹在《红楼梦》中所要说的，虽然我们没有直接听到他这样说。

那个陌生男子Ｘ，走过漫无尽头的长廊，走进那座豪华、雕琢、一无生气的旅馆，正像那块"通灵宝玉"的误入红尘。那旅馆和荣、宁二府一样，里面的人百无聊赖、拘谨呆板、矫揉造作，仿佛都被现实社会的种种规矩（魔法）摄去了灵魂，或者他们的灵魂不得不藏在考究的衣服和矫饰的表情后面，在那儿昏迷着，奄奄一息，无可救药。惟有一个女人非同一般（《去年在马里昂巴》中的Ａ和《红楼梦》中的林黛玉），这女人便是生命的梦想之体现。在这死气沉沉的世界里，惟有梦想能够救我们出去。这梦想就是爱，久远的爱的盟约，未来的自由投奔。爱情是什么？就是自由的心魂渴望一同抵抗"现世魔法"的伤害和杀戮。因这"现世魔法"的统治，人类一直陷于灵魂的战争，这战争不是以剑与血的方式，而是以对自由心魂的窒息、麻醉和扼杀为要点。在这样的现世中，在那个凄凉的旅馆和荣、宁二府里，一个鲜活的欲望需要另一个不甘就死的生命的应答。这时候，爱情与自由是同义的，唤醒久远的爱的盟约便是摆脱魔法一同去走向自由：如果现实难逃，就让艺术来引领我们走进那亘古的梦想。我终于明白，这两部出于不同时代不同国度的作品，其大同就在于对这梦想的痴迷，对这梦想被残杀的现实背景的关注，对这梦想能力的许之为美。这梦想的所指，虽是一片未知、虚幻、空白，但正因如此才是人性无限升华的可能之域。这永难劫灭的梦想，正是文学和艺术的根。这根，不因国度的不同而不同，不因时间的迁移而迁移，因为人与物、与机器人的根本区别，我想，就在于此。

　　我记得在罗伯-格里耶的一篇文章中，他说过，《去年在马里昂巴》中的某些情景，源于他早年的梦境。我来不及去查找他是在哪篇文章中这样说过的了，我甚至不能确定他是否真的这样说过，也许那只是我看了这部作品后所得的印象，以致我竟觉得那也是我有过的梦境。这可能是因为，在他的很多作品中（比如还有《嫉妒》）的写景写物里，都含着梦似的期待。罗伯-格里耶的"物"主义，确实不像他所希望的那样，摆脱了人的主观构想、主观色彩，达到了纯客观的真实。他之所以这样希望，我想，他是要说：必须摆脱那些固有的、僵死的、屈从于习惯的对存在的观念，从那里走出来，重新看看人与这个世界的关系，看看你心魂的无限领域吧。所以他笔下的真实都是"不确定的真实"。

　　真实不单是现实，真实还是梦想。比如黑夜，弥漫于半个地球的纷纭梦境，会随着白昼的来临便化为乌有吗？不，它们会继续漂流进白天，参与进现实。比如白天，谁能根据一个人目前的作为，而肯定地推断出他下一步的行动呢？那么你还能认定一群去上班的人只是一群去上班的人吗？不，每一个人都是一团不可预测的梦想，他不是一颗逻辑中的棋子，他是一个难于琢磨的下棋的人。比如记忆，你所有的记忆都是发生过的现实吗？不，那里面肯定有从未发生过的梦。但是，说梦是没有发生的，显然荒谬。梦已经发生，如同现实一样地发生了，并且成为我们真实生命的一部分。如果人与电脑的根本区别，在于电脑不能无中生有地去创造，那么显然，梦想甚至是我们生命的主要特征了。

罗伯-格里耶的写作不是写实，甚至也未必是写梦，他的写作在我看来，是要呼唤人们的梦想和对梦想的痴迷与爱戴。所以在他的作品里，处处留有未知、虚幻和空白，使我们得以由此无限地展开梦想，即展开我们的生命。生命恰恰是由梦想展开的，试想减去梦想，人还能剩下什么？罗伯-格里耶有一种非凡的能力，他总是能够把我们带到一个角度，让我们走进若实若幻的画面、声音或处境中去，见此形而生他意，得其意而忘其形，恍然记起生命悠久的源头，恍然望见生命不尽的去处。这正是让我读之而痴迷的原因吧。

在疯狂的物欲和僵死的规矩像"魔法"一样使人丧失灵性的时代，梦想尤为珍贵，写作者要记住它，要崇尚它，跟随它。

在我们满心的爱情被"魔法"震慑、性爱被它劫掠去越来越广泛地变成商品、文学经常地沦为艺伎表演的时候，我们多么希望听见杜拉斯《情人》中的那种独自诉说！我们需要她的声音，那种语气，那种不加雕饰的款款而谈，沉重而又轻灵地把我们牵回梦想。

有时我觉得，《去年在马里昂巴》的空白处，所埋藏的，就是这个《情人》的故事。如果一个人，历经沧桑，终于摆脱了"现世魔法"的震慑，复归了人的灵性，他的文章就会洗去繁缛的技巧，而有了杜拉斯式的声音。真诚的、毫不规避的诉说，使你既在现在，也在过去和未来，在"情人"年轻的裸体上，在"情人"衰老的面容里，在"情人"已经飘逝的心魂中。那时已不需要任何技巧、规则、方法，你是在对自己说，对上帝说，对生命和死亡说。"魔法"被宽广和朗的秋天吓跑了，你一生的梦想自由地东来西往，那是上帝给你的方式，不需要智力的摆弄，而随意成诗，成为最好的音乐。我非常喜爱《情人》，但似乎没有更多的东西可以议论。自从我看到了《情人》的那一天起，在我的写作路途上的每一步，那样的境界都是我向往的。但我办不到。我想，这也许不是能够学到的，模仿也许会更糟。也许，需要年龄把时间的距离拉得更长些，更长些，才可能走进它。也许我在那"魔法"中还没有走够，还没有走完，所以还不可能走出去。但我似乎已经看见了，文学应该走去的方向，就是在现世的空白处，在时尚所不屑的领域，在那儿，在梦想里，自由地诉说。

我不想谈论中国文学和法国文学，我只想说文学是一样的，有着一样的并且亘古不变的根。

安妮：此信如果您认为可以用，就请删去首、尾，算作一篇文章吧。

加利玛出版社愿意出版我的作品，我自然是非常高兴和感谢的。您所选定的篇目，我也觉得很恰当。多谢。

今年为写那个剧本，花了太多的时间，所以其他东西写得很少。明年万万不能这样干了。

即颂

大安！

史铁生

九四年十一月九日

之二

安妮：

您好！

收到您的信已经有一个多月。恰恰是在那段时间，我病得非常厉害，肾功能衰竭，并开始做血液透析（通过机器将血液中的毒素排除），所以没有及时给您回信。现在病情已有所好转，只是每星期要去医院做三次透析，每次五个小时，很是麻烦。若将来不能做肾移植，便终生离不开透析了。九七年全年我都被这病纠缠着，完全不能工作，一个字都没写，甚至书也不能读。我并不太关注政治，但在中国人的生活中，政治的因素难免多一些，不知不觉便要牵扯到它。《钟声》，明显是有政治的背景。我这一代人，一出生便处在那样的历史中。我写《钟声》时有一个计划：写这一代人从出生到现在，一年一年的心灵历史，但是只写了一篇，兴趣便转移了。不过这样的念头一直保存着。但在《宿命》中，我以为没有丝毫政治色彩。宿命，几乎是所有的人的根本处境。任何人，一出生，便不由分说地被置于一个仅仅属于自己的处境中，便被编织进一张网的一个特定的网结上，正如存在主义所说：人是被抛到这个世界上来的。你必须接受命运被抛掷到的那个位置。比如说，你就是这样地不够漂亮，你就是这样地不够聪明，你就是这样地像十叔❶那样被固定在了床上。你怎么办呢？你要活下去，你就必须从那个位置上开始，编织你自己的梦想。你不可以羡慕他人，他人的好运是不属于你的神话，而你自己的梦想才是你要信奉的神明。这大约就是我的"上帝"。一方面，那是命定的苦难；一方面，那是你的梦想，或希望。这是不是属于宗教呢？但这肯定不属于某一种固定的教派。我倒宁愿相信那是宗教的根源命定的苦难，和不可放弃的希望。而希望永远都处在尚未抵达的位置上，因而便与神话同义。人类，一向就是在自己编织的梦想或神话中被鼓舞着的。

我越来越相信，一个人无论写什么，总是逃不出他自己的心灵处境的，外在的世界……❷

史铁生

1998年3月11日

之三❸

安妮：您好！

您给的题目实在是太大了。尤其"华人性"和"中文性"，绝

---

❶ 十叔：小说《原罪·宿命》中的人物。——编者注

❷ 此信未完成。——编者注

❸ 此前安妮·居里安曾写信来，替法国一家刊物《法国汉学家》约稿，希望就"华人性""中文性"或"中国心"等题目谈谈看法。——编者注

非才疏学浅如我者敢于妄论。要在这样的题目下发言，单凭一点浅显的感受或一时的情绪，肯定不行，是必须要有大学问和大智慧的。对"华人"和"中文"，岂可轻论其"性"？在我想，是一定要深究其源与流的，比如信仰、习俗、生存状态，以及中文自古而今的演变历程，而这些都是我力所不及的。

至于"中国心"，依我看，最美好的理解就是乡情、乡恋，即所有人都会有的对家乡的眷恋、对故土的祝福。除此之外，我就弄不大懂"中国心"是要特特地表达什么，尤其是对文学而言。有没有"法国心"和"英国心"？有没有"老挝心""刚果心"？倘若没有，那就奇怪。（果真有外星人的话，当然还会有"地球心"；一旦去火星侨居得久了，怎能不想念地球我们的家乡？）所以我想，这样的心，原就是人的向爱之心；只因对家乡的眷恋铭心刻骨，对故土的祝福尤其深切，这才特特地冠以国名。倘还有别的意图，多半就可怕——此国心，彼国心，一旦悄然或张狂地对立起来，就要变质，就不大可能还是爱心，而是互相疏离、防范，甚至于敌视的心了。（外星人见此必大惑不解：不都是"地球心"吗，何至如此？）

爱祖国，爱家乡，原本是多么美好的心愿，是爱心于地球之一局部的具体实行，却不知怎么，有时竟变成武器，把人武装到心情和话语；或如魔法，把"地球心"切割得四分五裂，本来是"四海之内皆兄弟"，怎么现在大家都捂着一颗受伤的心，互送冷眼与怒目？这些万物之灵呀，这些自诩高贵并智慧的人类，竟然迷失在自己不得已而做出的一种划分之中，竟会被一种抽象概念弄得南辕

141

"某国心"最初是怎么来的？在我想，原是为了一土之民的互爱互助，惟恐"一己之心"各行其是，结果势单力薄，难御天灾与外敌。这曾经或只是生存所迫，是一项减灾措施或治政方略，但渐渐地，人对生之意义有了深思远望——设若无敌来犯，就可以丢弃这互爱之心吗？就算无爱的群体仍可御敌于外，那么人心的疏离与防范，岂非要姑息养奸纵敌于内？于是乎，在治政方略的深处，便有信仰觉醒——看人间爱愿比富国强兵更是紧要；惟此，"某国心"才得尊崇，才被宏扬。就是说，那根本是一种爱愿，是"地球心"（博爱）的一次局部实现；倘爱愿消损，单单"国心"张扬，倒似数典忘祖了——据说我们的祖先殊途同源，本都来自非洲。

可不管怎么说，"某国心"确有御敌的指向；不单既往，便在当今，这指向也仍有其合理的根据。但这合理，在我看只是治政的合理，并非也是文学的期待。文学，不论是乐观还是忧患，赞美还是揭露，勇猛还是疑难，都当出于爱愿；即便写恨，也还是出于爱的祈盼。（爱，真有这么要紧吗？或者，凭什么人类的终极价值一定是指向爱？非常简单：人，渴望幸福。物使人舒适，国保障安全，而最终的幸福非爱而不可。）故在外星人到来之前，文学一向是以"地球心"为观察，为悲喜，为眷念，为折磨的。政治则不同，政治总难免是以"国"为划分、为遵守、为协商、为抗争的。而文学的理想，岂条条国界可以阻隔？比如不管什么文学奖，倘其过分地倚重了国籍或语种，被损害的只能是这奖项自身的声望。这就是为什么文学并不逃避政治，却又不等于政治。这就是为什么文学不是属国的，而是属人的。这就是为什么文学可以超越国界和语种（倘有外星人，还要超越天体或星系）。

针对文学和艺术，中国有一句流行的话：越是民族的，就越是世界（人类）的。细想，这话已然暗示了一种褒贬：越是世界的就越是好的，反之则不够好。然而，可有哪一民族不是世界的吗？世界从来就不是一个空壳，而是诸多民族的构成。那么，"世界的"当然也不会是空穴来风——是"民族的"，就必然是"世界的"。如此说来，那个"越是……越是……"岂不是废话吗？非也。在我想，前面一个"越是"指的是个性，是真诚，是独具；后一个"越是"则是指敞开、沟通和借鉴。那就是说：越是"民族的"，就越是有相互敞开、沟通、借鉴的理由和价值；而越是能够相互敞开、沟通和借鉴的，就越是"世界的"，越是美好的。而绝不是说：越是孤芳自赏、故步自封、自恋自闭就越是民族的；倘其如此，又怎么可能是"世界的"？"世界的"岂不真的是空穴来风了？

所以我理解，或者我希望，"某国心"既然根本是向爱之心，就一定还要是坦诚的心，敞开的心，智慧、博大和宽容的心。

当然，所有民族都有其独具风采的文化、独具智慧的信仰，不可强制地扬此抑彼，更不能以经济或政治的强势去统一，把意趣纷繁的"地球心"都变成一股味。向爱之心，纷然独具，那才好；强成一律，就怕爱愿又要变了味道。

这样看，"某国心"显然也有同样的问题：它必然都是一样的吗？尤其，它必须都是一样的吗？当然不是。到处都是丰富多彩的心，热爱自由的心，个性独具的心，其风流各异绝不因为国界而有束缚（这也就是文学不受国界束缚的原因）。所以，"某国心"从来就不是一个可靠的、测度心魂的单位，从来就不是个性的坐标。在另一篇文章中我写过："说到保护民族语言的纯洁与独立，以防强势文化对它的侵蚀与泯灭，我倾向赞成，但也有些疑问。疑问之一：这纯洁与独立，只好以民族为单位吗？为什么不更扩大些或更缩小些？疑问之二：各民族之间可能有霸道，一民族之内就不可能有？各民族之间可以恃强凌弱，一村一户中就不会发生同样的事？为什么不干脆说'保护个人的自由发言'呢？"

个人发言，关心普遍，各具风采，同具爱愿，从而"家心""国心""地球心"就都有了美好的解释和方向，不是这样吗？这未免太过理想吗？那就说说现实。现实是什么？现实就是向我们要求着理想的那种状态。

祝您全家幸福！

史铁生

2002年4月11日

给陈村、吴斐

陈村、吴斐：好！

希米存有一方台布，久寻受赠者而不得佳选，幸悉村哥斐姑旧婚（既然鲁迅夫妇可哥可姑），可以圆满此物的归宿了。新婚当然可贺，但谁说得准不会朝令夕改有更新的政策面世？真正可贺的是旧婚，十年一贯，百年不变。台布者，未必一定置台可用，其名正如小说，正如大道，无以名之故勉强名之曰台布，其实亦可铺床，亦可遮窗，还可做即将入世之贵子的尿垫，便是双胞，料护其天使般纤稚小臀也尽够了。倘实在派不上用场，就压箱底，好在你的领土扩张了不小。

安忆对我的爱护，常令我感动得无言答对——甚至为此多生几回病也是福气。其实我并未病弱到那般不禁电话。尤其是你的电话和信，总能让人忘却"营营"烦恼，使此身归顺自己。所谓"玄思"，实在是一种毛病，每日凭窗枯坐，不免引来一堆胡想，挥之不去，命也。命是何物（具体于我）？天知道。倘若克隆一个史哥出来呢，他就可以去游山玩水，或如"陈言勿去录"那般隐于闹市而潇洒人间了吗？倘那是确凿的复制，谁敢说史哥B不会在二十一岁那年又坐进轮椅，且以终日的胡思乱想了其余生呢？想到这儿，不仅不敢去克隆，而且庆幸当年未曾谋子真乃懵懂一世聪明一时。

近日读一本《原子中的幽灵》，更加相信灵魂是确有的。当然这又可能是我的"玄思"病。不过，读一读无妨。我总相信，今天的文学，毛病就是太文学；今天的小说，绝望就绝望在太小说。当有人说"这不是小说"的时候，我总忍不住要问：什么是小说？读此《原子中的幽灵》一书，书中有大物理学家玻尔的一句高论：物理学不告诉我们世界是什么，而是告诉我们关于世界我们能够谈论什么。这句话似可引申为：我们不必关心小说是什么，我们只需关心小说可以怎样说。

我近日在看着一位中医肾科专家，已服十几剂汤药，感觉比前些日子好得多了。千万不要活到九十岁去，六十岁于我可能适合。

问候吴斐。大概是十年前见过她一面，记不大清她的样子了，惟余一个纤秀的轮廓。你只把史哥米姑的照片寄来，却不见十年旧婚者的大照，实为不妥。

祝好！

铁生和希米
九七年三月二十七日

给栗山千香子[1]

栗山千香子女士：

您好！来信收到，谢谢您的关心。

我这一年多一直在生病，肾功能衰竭。从九八年开始做血液透析，即通过机器把血液中的毒素过滤出去。现在每个星期要去三次医院，每次要做四个半小时，加之透析后身体虚弱，可以用于写作的时间就很少了。所以近两年来，几乎没写什么东西。

您把《务虚笔记》读得那么仔细，真让我惊讶又惭愧，中国读者也很少有愿意花这么多时间去读它的。您的那篇关于《务虚笔记》的报告写得非常好，虽然不长，但我感到您是真正理解它的。您若愿意再对它做些评论，我当然很高兴。

我曾在给一位朋友的信中，谈到过我写作《务》的初衷和感想，现打印一份（节选）寄给您，供您参考。

国内关于它的评论不多，但有张柠和邓晓芒的两篇，我以为很

---

❶ 栗山千香子：友人，日本汉学家，史铁生作品的日文译者。——编者注

好，您也可以注意一下。我不知道这两篇评论最初发表在哪儿，我是从他们寄来的文集上看到的。您若找不到，可来信告诉我，我复印了给您寄去。

去年秋天，有一位佛教大学的教授吉田富夫先生来我家，他似乎很有翻译《务》的愿望，但他说这要取决于是否有出版社愿意出版。随他一同来的还有一位平凡社的出版家岸本武士先生，但他未作任何表态。所以，关于《务》的翻译与出版，我与他们并没有任何约定。

此前，山口守先生和近藤直子❶女士也都说起过，在日本有人想翻译《务》，但考虑到它的长度和出版问题，便都暂时作罢。

您若愿意翻译《务》，我当然高兴。只是这么长的东西，如果翻译了没人出版岂不太浪费时间？所以还是要先有出版社认可它才好。另外，您也可以与吉田先生联系一下，或向山口先生和近藤女士询问一下，看看是否有人正在着手此事，以免重复。

谢谢您的生日礼物。《射中猎人腿的狮子座流星》是您的先生拍摄的吧？也谢谢他。

但愿由于您的祝福，九九年我能够重新恢复写作。现在真是心有余力不足啊。

祝您全家

九九好运！己卯吉祥！

史铁生

九九年元月五日

---

❶ 近藤直子：日本汉学家，史铁生作品的日文译者。——编者注

给李锐[1]

李锐兄：你好！

寄来的文章（剪报）早已收到，那时正忙着为长篇收尾，未及时回信。

若是就这两篇文章（殷小苓的《艺术与伦理的对峙》和臧棣的《艺术独立于伦理?》）谈看法，似乎太麻烦（比如首先得逐字逐句去分析他们二位的准确意思，说不定还得引几段他们的话），我实在不精此道，而且涉及种种立场式的辩论历来让我发怵。不如脱离开这两篇文章，只说说我自己对艺术和伦理，以及对顾城事件的想法吧：

1. 艺术和艺术家是两码事。艺术可以独立于伦理，艺术家则不可。最简单的逻辑是：对艺术的评价显然不能依据伦理，但艺术家除非与他人隔绝，否则就不可能不受伦理的约束。

2. 我手头的《现代汉语词典》上是这样解释"伦理"一词的：

---

❶ 李锐：友人，作家，现居山西。——编者注

"指人与人相处的各种道德准则。不同的阶级有不同的伦理。"我想，"阶级"一词应谨慎使用，不如说"不同的时代、不同的文化、不同的群体，有不同的伦理"更恰当。

3. 艺术家作为具体的人，他可以反对某种伦理，也可以放浪不羁而至希望不受任何伦理的束缚，但他不可能不在某种伦理的约束中——因为你必要与他人相处，而且必然是在某种现实中与他人相处。必要与他人相处就必得遵守某种道德准则，必然在某种现实中与他人相处就必得遵守某种现实的伦理。这时候任何浪漫和梦想都不能代替现实，不管是如世界大同一类的好梦还是如法西斯一样的坏梦，也不管是永难实现的好梦还是可能实现的好梦，都不给你不受现实伦理约束的权利。比如足球，现行的规则并非尽善尽美，可以发议论以期改善它，但眼下的比赛中必须遵守它。你不遵守，就依据现实的伦理（规则）制裁你，不管你是谁，也不管你做的什么好梦。所以，艺术家的杀人当然要与任何人的杀人同等看待，这里甚至没有什么"可不可以原谅"的问题需要讨论，杀人就是杀人犯，余下的问题和思索请到伦理（以及基于伦理的法律）之外去讨论。

4. 现实和梦想，必要泾渭分明。艺术家必是一个现实，而艺术从根本上说是梦想（理想、希望等等）。现实的人必须遵守现实的伦理，可梦想，你要它遵守什么呢？尤其遵守什么伦理、什么准则呢？如果梦想不是无拘无束于已有的伦理或准则之外，它也就不是梦想，或者也就没有梦想。没有梦想艺术也就完了，艺术就又会变成一种"样板"下的千百次移植，或者一种主义下的千百条注释了。梦想和现实，艺术和伦理，各归其位各司其职，不仅利于艺术也利于伦理。比如《流浪者》中的拉兹，作为一个偷儿要不要被制裁？但作为一个被污辱与被损害者，是不是制裁了就够了？于是就有两难局面：按照艺术的逻辑，法律将无所适从；按照法律的逻辑，艺术将无所作为。我一直记得《流浪者》中的一句话："法律不承认良心，良心也就不承认法律。"这句话像是声讨，但它无论如何是说对了，法律不能承认（或遵从）良心，良心也不能止步（或俯首）于法律，于是法律才能严谨，良心才能独立，艺术才能鲜活，独立的良心和鲜活的艺术便有助于法律的修正，日趋完善的法律也才能更好地维护良心和艺术。若是法律和良心、艺术互相不能独立，最终准定是一锅粥，哪样也好不了。我又要拿足球作比：足球的魅力，源于两样东西——梦想和规则，没有梦想的足球是死的足球，没有规则的足球干脆甭踢。而足球规则中最根本的一条是不允许"越位"。很可能，一切规则的立身之本都是防止"越位"。又比如良心、艺术和伦理、法律，都是需要的，惟不可越位。

5. 艺术的自由正在于对各种已有道德准则（规范、契约、习惯等）的独立。它是梦想，它不与现实的他人相处而只与梦想中的世界相处，它干预现实也只是在梦想、理想、希望的范围内干预，总之是非实际的干预，否则就不像艺术而更像社论、诉讼或《焦点访谈》了。因而任何已有的伦理，艺术都有权指责和违背（有权并不意味着必须和必然）。就像常说的：你管天管地，总管不了我做什么梦！一处连梦想也被管制的地方，必是一片沙漠，最少也是一块不生长艺术的土壤。

6. 所谓准则，必然是指已经存在的规则。尚未产生的（尚在寻求和期盼的）境界不能作为准则，因为不能为公众认同的东西必然无准可遵无则可守。因而在艺术面前并没有伦理，因为梦想不受约束，梦想之为梦想正在于不是现实或尚未成为现实。如果有一天梦想成为现实，期盼中的人与人的关系得到公众认同，那时伦理必然随之出现。但这时，艺术要是不愧为艺术，梦想也不愧为梦想的话，它们就又要脱离开现实走向那片混沌之地，到不受道德准则约束的地方去察看，到蛮荒的心魂深处去探问了，结果它就还是独立于伦理。就像梦想生性是非现实的，艺术生性是在伦理之外去开拓。而伦理生性是现实的，如果它有资格作为准则，就证明它必得是现实的。

7. 说到"脱离现实"，可能生出歧义。比如遭到诘问："艺术能够脱离现实吗？梦想能够凭空而生吗？意识能够脱离存在吗？"等等。这样的诘问有必要先让它作废。因为这就像是说我们不能脱离生命去思想一样，原就是一种彻底的废话。我说的"现实"，是指生活中有限的明晰、确定之域（比如种种成文或不成文的准则、习惯），而不是指我们生存于斯的一切。若连迷茫、未知、心路的困苦和希望也脱离，那我直接主张去死也就够了。还有，对艺术而言，"脱离现实"不是必须，而是有权；就像我们有权脱离社会主义初级阶段而梦见共产主义，但不必回回这样。

（顺便说一句：我对理论词汇一知半解，不敢乱用，只好这样拙笨地区分这两种现实——可以脱离的，和不可能脱离的。）

8. 但是艺术和梦想就没有一种需要遵守（遵循、恪守、崇尚，甚至膜拜）的东西吗？如果没有，你为什么梦？你从何而梦？你为什么写、画、舞、唱……？比如说，你不为了人道吗？你不为了真、善、美、爱、幸福、自由、平等……吗？我相信，任何好的艺术家和好的艺术品都不能不为了这个。但这不是伦理，因为它们不是固定的道德准则，它们没法儿遵守，它们变动不居，要由人不断地更新、扩展、赋予其具体的内涵。比如说，法律保护自由，伦理维护美德，但自由的内涵永远比法律所保护的大得多，美德的内涵永远比伦理所维护的大得多，大到无限。由于这片大出来的无限，于是产生梦想和艺术。

9. 但是很多坏艺术、伪艺术、被恶毒的欲望或权势弄出来的所谓艺术（姑且称之为"艺术"吧，因为照理说这样的东西其实不是艺术），不也可以打着无视任何伦理的梦想之旗而泛滥了吗？我想这是另外一个问题。不能因此就先把艺术套上伦理的枷锁，因为套上了好的固然一时高兴，但同时却为给它套上坏的开了方便之门。最为关键的是，它不能套上任何枷锁，因为它是人间最后（和最终）的一块自由保留地。为了这块自由保留地上不断地长出美好的未来，我们得冒它也不断长出坏东西的风险。切不可因害怕做噩梦，就干脆放弃梦想的权利；而放弃梦想权利的方式，通常就是拿某种伦理来限定梦想。梦想一经被限定，就不是梦想了，梦想恰是在被限定的那一刻被放弃的。

10. 说到具体的那个诗人，肯定，他要是活着他必须要像任何杀人犯一样被绳之以法，他死了，他也并不因此就不是一个杀人犯。但是他的诗和小说，依我看还是好作品，万不可因人废言。再者，怎么看这件事，也有一个伦理态度和艺术态度之分。伦理（或法律）态度是确定的，不容有丝毫弹性，但艺术态度可以各种各样。艺术态度其实已经与那个诗人或杀人犯无关了，就像福克纳与"爱米丽"无关，只与《纪念爱米丽的玫瑰花》有关。我相信，若真有"爱米丽"其人，福克纳绝不会不认为她是一个杀人犯。但当福克纳写这篇名作时，主要不是想写（当然更不是赞美）一个杀人犯。所以不能以伦理的态度看这篇小说，而必须以艺术的态度去看它。艺术家福克纳不能独立于伦理，艺术品《纪念爱米丽的玫瑰花》是独立于伦理的，而福克纳借这小说所希冀的并不是一种确定的准则，而是比准则更为辽阔的梦想或思考。这梦想或思考之辽阔，大约是无限的，因为任何时候伦理都比它小。

本想简单地回封信，谁想就这么又长又枯燥了。

近日北京文坛上有些人发起了一场所谓"抵抗投降"的战斗，听说了吗？把你我的名字也写进了"抵抗"大营。此事你可能还不知道。我也是才知道的，人家把我编队之后我才听说。此事的因由我还不太了解，不敢妄论。但是我想文学不必树旗，尤其不要分拨儿排队。至少我是不想站队的，我们从小就站队，站腻了，而且每每效果也坏。我赞成"多研究些问题，少谈些主义"，理由是，研究问题并无损于高明的主义，而旗幡障目倒要把问题搞乱。文学也不要中心，文学适合在边缘。即便真有中心，也是自然而然的事，强造不得。

新近进口的美国片《阿甘正传》看了吗？真好。"阿甘"的逃跑哲学很妙。比如文学，与其总向中心追，莫如常往边缘逃。

前些天美术馆又有《巴尔蒂斯画展》，去看时左寻右找，想再碰上你们两口子。不知你们是否又千里迢迢来看过了。画虽不多，也是真好。

问全家！

铁生

1995年7月19日

给柳青^❶

柳青：您好！

来信收到已久，本该早给您回信的，但总想就您对《务虚笔记》的意见说说我的想法，所以一直耽搁着。

可现在又觉得，要在一封信中说清楚，未必容易。试试看吧。但这绝不是说《务虚笔记》（以下简称《务》）有多么高明，只是说它有点特别，甚至让人难于接受。让人难于接受的原因，当然不都是它的特别所致，还因为它确实存在很多缺陷。但这缺陷，我以为又不是简单的删减可以弥补的，删减只能损害它的特别。而其"特别"，又恰是我不能放弃的。所以，这篇东西还是让它保留着缺陷同时也保留下特别吧。您不必再操心在海外出版它的事了。它本不指望抓住只给它一点点时间的读者，这是我从一开始就明白的事。世界上的人很多，每个人的世界其实又很小，一个个小世界大约只在务实之际有所相关，一旦务虚，便很可能老死难相理解。这

---
❶ 柳青：友人，导演，编剧，作家，出版人，现居新加坡。——编者注

155

不见得是一件坏事。也许这恰恰说明，法律需要共同遵守，而信仰是个人的自由。

《务》正在国内印第二版，这已经超出我的意料。读者大约是根据对我以前作品的印象而买这本书的，我估计很多人会有上当的感觉。对此我真是有点抱歉，虽然我不认为这是我的错。我还是相信，有些作品主要是为了卖，另一些更是为了写——这是陈述，不包含价值褒贬。就比如爱情的成败，并不根据婚姻的落实与否来鉴定。

您在信中说："C的穿插可以舍去……没有自传体味道，使它脱胎而独立，更显得成熟。"——就从这儿说起吧。

在我想来，人们完全可以把《务虚笔记》看成自传体小说。只不过，其所传者主要不是在空间中发生过的，而是在心魂中发生着的事件。二者的不同在于：前者是泾渭分明的人物塑造或事件记述，后者却是时空、事件乃至诸人物在此一心魂中混淆的印象。而其混淆所以会是这样而非那样，则是此一心魂的证明。故此长篇亦可名曰"心魂自传"。我相信一位先哲（忘记是谁了）说过的话，大意是：一个作家，无论他写什么，其实都不过是在写他自己。因而我在《务》中直言道：

我不认为我可以塑造任何完整或丰满的人物，我不认为作家可以做成这样的事……所以我放弃塑造丰满的他人之企图。因为，我，不可能知道任何完整或丰满的他人，不可能跟随任何他人自始至终。我经过他们而已。我在我的生命旅程中经过他们，从一个角度张望他们，在一个片刻与他们交谈，在某个地点同他们接近，然后与他们长久地分离，或者忘记他们或者对他们留有印象。但，印象里的并不是真确的他们，而是真确的我的种种心绪。

我不可能走进他们的心魂，是他们铺开了我的心路。如果……在一年四季的任何时刻我常常会想起他们，那就是我试图在理解他们，那时他们就更不是真确的他们，而是我真确的思想。……在我一生中的很多时刻如果我想起他们并且想象他们的继续，那时他们就只是我真确的希望与迷茫。他们成为我的生命的诸多部分，他们构成着我创造着我，并不是我在塑造他们。

我不能塑造他们，我是被他们塑造的。但我并不是他们的相加，我是他们的混淆，他们混淆而成为——我。在我之中，他们相互随机地连接、重叠、混淆，之间没有清晰的界限。……我就是那空空的来风，只在脱落下和旋卷起斑斓的落叶抑或印象之时，才捕捉到自己的存在。

……我经常，甚至每时每刻，都像一个临终时的清醒的老人，发现一切昨天都在眼前消逝了，很多很多记忆都逃出了大脑，但它们变成印象却全都住进了我的心灵。而且住进心灵的，并不比逃出大脑的少，因为它们在那儿编织雕铸成了另一个无边无际的世界，而那才是我的真世界。记忆已经黯然失色，而印象是我鲜活的生命。

——《务》136节

这就是我以为可以把《务》看作自传体小说的理由，及这一种自传的逻辑。

所以，有关C的章节是不能删除的。因为C并不是一个我要塑造或描写的人物，而应看作是这一份心魂历史的C部分。C的其他方面在这篇小说中是不重要的，只有以C为标志的残疾与爱情的紧密相关，才是这一心魂历史不可或缺的。而C的其他路途，亦可由Z、L甚至O、N等此书中出现的其他角色（即此一心魂的其他部分）来填补、联想，甚至混淆为一，——这是允许的，但非一定的。一定的仅仅是：这诸多部分，混淆、重叠而成就了我的全部心路。

如果有人说这是一部爱情小说，我不会反对。残疾（残缺）与爱情——尤其是它们以C为标志如此地紧密相关，我甚至相信这是生命的寓言，或是生命所固有的遗传密码，在所有人的心里和处境中都布散着它们的消息。从我们一出生、一感受到这个世界、这个同类之群，我们就日益强烈地感受到了差别、隔离和惧怕，同时生出了爱的欲望。——这就是"我"与画家Z从童年时，便由"一座美丽的房子"和"一个可怕的孩子"所听到的消息。这消息不断流传，不断演变，直至诗人L的日记被人贴在了墙上，和他未来在性爱中的迷惑；直至WR的童言无忌与流放边陲；直至O的等待，及其梦想的破灭；直至F医生的眺望、深藏的痛苦与梦中的供奉；直至Z的叔叔晚年重归葵林；直至一个叛徒的生不如死的残酷处境，和她永生永世的期盼……这一切都携带着那种美丽并可怕的消息。因而这一切（无论是更为个体化的，还是更为社会化的）都发端于，也结束于生命最初的那个密码：残疾（残缺）与爱情。

就是说，每个人生来都是孤独的，这是人之个体化的残缺。因此我们倾向与他者沟通、亲和。而他者之为他者，意味着差别、隔离、恐惧甚至伤害，这是社会化的残缺。于是我们更加期盼着团聚——我需要你，需要他者，一个心魂需要与另外的心魂相融合。而这，证明了爱情。我们因残缺而走向爱情。我们因残缺而走向他者，但却从他者审视的目光里发现自己是如此的残缺。我们试图弥补残缺，以期赢得他者的垂青或收纳，但我们又发现这弥补不可能不求助于他者，因为只有在他者同样祈盼的目光中，那生就的残缺才可获弥补。甘地说过：没有什么方法可以获得和平，和平本身是一种方法。爱亦如此，爱可以视为和平的根源，那不是一种可期捕获之物，是方法，是关系。爱的艰难与祈盼，简直是千古的轮回或重演！原来残缺和爱情是互为因果的。一切心魂的福乐与危惧中都携带了这样的消息。而这消息，在C的处境中（或我之C的思绪里）尤显昭彰。

我并不想写一个残疾人的爱情遭遇，那些东西差不多已经被写滥了。我是要写，恰是人之残缺的背景，使爱情成为可能和必要。恰是性的残疾或沉沦，使爱情与单纯的性欲明显区分，使爱情大于性欲的部分得以昭彰。是人对残缺的意识，把性炼造成了爱的语言，把性爱演成心魂相互团聚的仪式。只有这样，当赤裸的自由不仅在于肉体而更在于心魂的时刻，残疾或沉沦了的性才复活了，才找到了激情的本源，才在上帝曾经赋予了它而后又禁闭了它的地方，以非技术而是艺术的方式，重归乐园。为此应该感恩于上帝，也感恩于魔鬼，亦即感恩于爱也感恩于残缺。当残疾降临之时，以至其后很多年，我绝没想到过有一天我会这样说。而当有一天我忽然想到了这一点时，我真是由衷地感动。

有人说，父母之爱比性爱更无私更纯洁，我实在不能同意。父母对儿女的爱固然伟大，但那并不触及爱的本质，因为其中缺少了他者。父母爱儿女，其实是爱着自己的一部分。惟在与他者的关系中，即自我的残缺中，爱的真意才显现。当有一天，父母对儿女说"我们是朋友"的时候，我想那是应该庆祝的，因为那时父母已视儿女为平等的他者了。但是多么有意思啊，如果在恋人之间忽然要特特地强调"我们是朋友"，这却值得悲哀，这说明一堵曾经拆除的墙又要垒起来了。语言真是魔术师。这墙的重新垒起，不仅指示爱情的消逝，同时意味着性关系的结束或变质。可见，于人而言，性从来不仅仅是性，那是上帝给人的一种语言，一种极端的表达方式。所以诗人L终有一天会明白，这方式是不能滥用的，滥用的语言将无以言说。是啊，一切存在都依靠言说。这让我想起大物理学家玻尔的话：*物理学不告诉我们世界是什么，而是告诉我们关于世界我们能够谈论什么。*

《务》最劳累读者的地方，大约就是您所说的"过于分散的物象"。人物都以字母标出，且人物或事件常常相互重叠、混淆，以致读者总要为"到底谁是谁"而费神。我试着解释一下我的意图。

首先——但不是首要的：姓名总难免有一种固定的意义或意向，给读者以成见。我很不喜欢所谓的人物性格，那总难免类型化，使内心的丰富受到限制。

其次——但这是最重要的：我前面已经说过了我不试图塑造完整的人物，倘若这小说中真有一个完整的人物，那只能是我，其他角色都可以看作是我的思绪的一部分。这就是第一章里那个悖论所指明的，"我是我的印象的一部分，而我的全部印象才是我"。就连"我"这个角色也只是我全部印象的一部分，自然，诸如C、Z、L、F、O、N、WR……就都是我之生命印象的一部分，他们的相互交织、重叠、混淆，才是我的全部，才是我的心魂之所在，才使此一心魂的存在成为可能。此一心魂，倘不经由诸多他者，便永远只是"空空来风"。惟当我与他者发生关系——对他们的理解、诉说、揣测、希望、梦想……我的心路才由之形成。我经由他们，正如我经由城市、村庄、旷野、山河，物是我的生理的岁月，人是我心魂的年轮。就像此刻，我的心路正是经由向您的这一番解释而存在的。

如果这种解释（在小说里是叙述，在生活中是漫想，或"意识流"）又勾连起另外的人和事，这些人和事就会在我心里相互衔接（比如A爱上了B，或相反，A恨着B）。但这样的衔接并不见得就是那些人的实际情况（比如A和B实际从不相识），只是在我心里发生着，只不过是我的确凿的思绪。所以我说我不能塑造他人，而是他们塑造着我。——这简直可以套用玻尔的那句名言了：文学不告诉我们他人是什么，而是告诉我们关于他人我们能够谈论什么。而这谈论本身是什么呢？恰是我的思绪、我的心魂，我由此而真确地存在。那"空空的来风"，在诸多他人之间漫游、串联、采撷、酿制、理解乃至误解……像一个谣言的生成那样，构成变动不居的：我。说得过分一点，即：他人在我之中，我是诸多关系的一个交叉点，命运之网的一个结。《务》中的说法是：

> "我"能离开别人而还是"我"吗？"我"可以离开这土地、天空、日月星辰而还是"我"吗？"我"可能离开远古的消息和未来的呼唤而依然是"我"吗？"我"怎么可能离开造就"我"的一切而孤独地是"我"呢……
>
> ——《务》228节

如果这类衔接发生错位——这是非常可能的，比如把A的事迹连接到B的身上去了，甚至明知不是这样，但觉得惟其如此才可以填补我的某种情感或思想空白，于是在我心魂的真实里，一些人物（包括我与他人）之间便出现了重叠或混淆。这重叠或混淆，我以为是不应该忽略的，不应该以人物或故事线索的清晰为由来删除的，因为它是有意义的——这也就是小说之虚构的价值吧，它创造了另一种真实。比如若问：它何以是这样的混淆而非那样的混淆？回答是：我的思绪使然。于是这混淆画出了"我"的内心世界，"我"的某种愿望，甚至是隐秘。

（我有时想，一旦轻视了空间事物，而去重视心魂状态，很可能就像物理学从宏观转向微观一样，所有的确定都赖于观察了。这时，人就像原子，会呈现出"波粒二重性"，到底是波还是粒子惟取决于观察，而一个人，他到底是这样还是那样，惟取决于我的印象。孤立地看他，很像是粒子，但若感悟到他与人群之间那些看不见摸不着的神秘关联，他就更像似波了吧——这有点离题了。）

说到隐秘，什么隐秘呢？比如说，A的恶行我也可能会有（善行也一样），只不过因为某种机缘，A的恶行成为了现实，而我的这种潜在的可能性未经暴露——这通过我对A的理解而得印证。我相信，凡我们真正理解了的行为，都是我们也可能发生的行为，否则我们是怎么理解的呢？我们怎么知道他是如此这般，于是顺理成章地铸成了恶行的呢？如果我们没有这种潜在的可能，我们就会想不通，我们就会说"那真是我不能理解的"。人性恶，并不只是一些显形罪者的专利。（比如，某甲在"文革"中并未打人，但他是否就可以夸耀自己的清白？是不是说，未曾施暴的人就一定不会施暴呢？叛徒的逻辑亦如是，你不是叛徒，但你想过没有，你若处在他的位置上会怎样呢？如果我们都害怕自己就是葵花林里的那个叛徒，那就说明我们都清楚她进退维谷的可怕处境，就说明我们都可能是她。）不光在这类极端的例子中有这样的逻辑，在任何其他的思与行中都是如此。我可能是Z、L、O、N、WR……因此我这样地写了他们，这等于是写了我自己的种种可能性。我的心魂，我的欲望，要比我的实际行为大得多，那大出的部分存在于我的可能性中，并在他人的现实性中看到了它的开放——不管是恶之花，还是善之花。尽管这种种可能性甚至是互相矛盾的，但难道我们不是矛盾的吗？我们的内心、欲望、行为不是常常地矛盾着吗？善恶俱在，我中有你，你中有我，才是此一心魂的真确。当然，他们做过的很多事并非就是我的实际经历，但那是我的心魂经历。如果我这样设想，这样理解、希望、梦想了……并由之而感受到了美好与丑陋、快乐与恐惧、幸福与痛苦、爱恋或怨恨、有限与无限……为什么这不可以叫作我的经历？皮肉的老茧，比心魂的年轮更称得上是经历吗？（所以，顺便说一句：当有人说《务》中的角色可能是现实中的谁的时候，我想那可真是离题太远。）

163

我想，某种小说的规矩是可以放弃的，在试图看一看心魂真实的时候，那尤其是值得放弃的。就是说，对《务》中的角色，不必一定要弄清楚谁是谁（更不要说《务》外的人物了）。事实上，除非档案与病历，又何必非弄清楚谁是谁不可呢？又怎么能弄清楚谁是谁呢？然而档案只记录行为，病历只记录生理，二者均距心魂遥远，那未必是文学要做的事。还是玻尔那句话的翻版：**我无法告诉你我是谁，我只能告诉你，关于我，我能够怎样想**。

如果有人说《务》不是小说，我觉得也没什么不对。如果有人说它既不是小说，也不是散文，也不是诗，也不是报告文学，我觉得也还是没什么不对。因为实在是不知道它是什么，才勉强叫它作小说。大约还因为，玻尔先生的那句话还可以做另一种引申：**我不关心小说是什么，我只关心小说可以怎样说**。况且，倘其不是小说，也不是其他任何有名有姓的东西，它就不可以也出生一回试试吗？——这是我对所谓"小说"的看法，并不特指《务》。这封信已经写得有点像争辩了，或者为着什么实际的东西而争辩了。那就再说一句：写这部长篇时的心情更像是为了还一个心愿，其初始点是极私人化的，虽然也并非纯粹到不计功利，但能出版也已经足够了。至于它能抓住多少读者，那完全是它自己的事了。您的出版事业刚刚开始，不必太为它操心，不能赚钱的事先不要做，否则反倒什么也干不成。"务虚"与"务实"本当是两种逻辑，各司其职，天经地义。

我近来身体稍差，医生要我全面休息，所以就连这封信也是断断续续写了好些天。立哲想请我去美国逛一趟，如果身体无大问题，可望6月成行。到时瑞虎将做我们的导游兼司机，这真让人想起来就高兴。只盼美梦成真吧——这一回不要止于务虚才好。那时您若有空，可否也来一聚呢？

　　即颂

大安！

　　　　　　　　　　　　　　　　　　　　　　　　史铁生

　　　　　　　　　　　　　　　　　　　　　　1997年3月14日

给洪如冰

之一

洪如冰：你好！

来信收到。

俄罗斯当然是个好地方。我曾在空中看过圣彼得堡，看过西伯利亚大片的森林。几百年前人还不太多的时候，大约地球的每一个地方都很美。人多到一定程度就坏事。譬如一颗果实，熟透了的地方先要溃败，溃败在所难免。贪婪的人类原是地球的一部分。一切都是有生命的，生命之途无不是生老病死，以此作为一个过程，料必上帝对人有所期待，关键是人能不能理解这期待。

我现在写得很少，气力不支。上一次病仅仅是让我不要走，这一次甚至让我不要想，所以就少想，何况我的想也越来越孤魂野鬼一般少有共鸣。

诗，我读得少。有时也想写，但不大敢。很可能是我落伍，还是看回到比如说艾略特和里尔克时，觉得有真切和大气袭来。过于先锋的，常让人想起地震前的蚂蚁搬家，不过这也可能正是其意义所在。博尔赫斯的诗也好，平平静静却触动着神秘。神秘不是故弄玄虚，是习常之外的思域，一切事物的终极无不隐没在那儿。有位获诺贝尔奖的诗人说过，"诗是对生活的匡正"。我理解，那就是说，在生活的精彩处应该保留疑问。诗是由困顿迫入平静的心情，弃熟练而见陌生的惊讶，那时或可才有绝途的发现。现在的中国诗人，我爱读西川。现在的很多诗更像是流行歌曲，能让人跳起来，不能让人静下去，或让人温馨一下，却让人无处深想。有评论说，那"是为了忘掉，不是为了记住"。忘掉和记住，当然都不是指诗歌本身，是说生命中不能轻待的东西。诗的另一个难处是，语言既不可平庸，又不可是"诗们"的程式。一种好诗，既是一种开创，又是一种终结，甚至使某些语言从此失效。小说和散文也是一样。比如一说到小说、散文，人们眼前就常会出现一种程式，语气必要是这样，词句必须是那样，姿势被强调了，心魂却浮在平面。我有这样的体会，不经意时倒有鲜活的语言，一旦要写，姿势却把人拿得僵硬。把小说（散文、诗）看成一种东西，是个误会，那其实是很多种东西。就像人的灵魂，自由多样，一样的人只是生物学概念。

就写这些。现在写封信也累，打个电话也喘。我的电话又被电话局擅自变更，且无歉意。

祝好！

史铁生

1999年4月13日

之二

洪如冰：你好！

回信拖得很久了。我现在精力好的时候实在不多。

我不大敢具体地评论别人的作品，各人对写作的期求不同，简单地说好或不好，就怕南辕北辙。所以我只能泛泛地说些对诗的理解。我手头正好有一本《荷尔德林文集》，译者前言的第一句话是："在一个思想贫乏而技术占统治地位的时代，荷尔德林为人性奠定了诗的本质。"我想，过去可能过多地看到了诗的抒情和诗人的灵感，其实思想更是重要。思想并非只涉及政治，其根本的关心是人性、人的处境。

我越来越不敢确定什么。世界一向混沌，我怀疑并没有什么客观。写作尤其如此，不过是探问自己的时机，不必苛求公认。"我思故我在"或于科学不利，于写作还是箴言。我常有一种愿望：多多地放弃公认的规则。当然，愿望归愿望，并不因此就获得相应的能力。作家之名我实在是妄得，文学也似与我关系不大，我只是活着，不能不有些想法，便写下来，常常把所思所欲看得比所作所为还要紧。白昼仿佛一种魔法，把一切都清晰地规定下来，其实掩人耳目地藏了许多玄机。黑夜则像一种溶剂，当界线或边缘都模糊起来的时候，存在就更辽阔了些。上帝给人以黑夜和给人以写作的愿望，看起来像似同一种动机。

种种功法，我早就信其神奇，只是懒，不能坚持练，或者缺乏长寿的盼望，故无动力。不过，任何神奇一旦许诺可以到达天堂，以我的愚顽，就想不懂。设若确有无苦无忧的极乐之地，设若有福的人真都到了那里，然后呢，再往哪儿去？心如死水还是另有期冀？无论再朝哪儿举步吧，都说明此地并非圆满，一如人间。许诺可以到达天堂者，令人生疑，那不是要在神名之下做什么别的事吧？造人为神的恶果我们都尝过，余悸犹存。我宁可还是持念着另一种对神的信心——神以其完美作为人性的比照，随时请人自省；天堂是一条无终的路，使圣念得以永恒。

顺便说一句：小说《命若琴弦》是我的。电影《边走边唱》是陈凯歌的，我并未参与改编。但这并不说明，他的缺点就一定不是我的缺点。

祝好！

史铁生

1999年10月14日

给谢渊泓[1]

渊泓兄：好！

　　大作拜读。状物言情，真有"水浒""红楼"的风采，令我这"专业的"为之汗颜。早有人说，小说这玩意儿，官军最怵民团。业余写来，不落窠臼，所言皆因真情涌动，处处都是切身感受，必为卖文谋饭者所不及。好话不多说，我既有幸一睹，就以这"专业"的迂腐提一点儿意见。

　　1. 我先是觉得，这古典小说式的语言，似与那段放浪不羁的知青生活有点儿隔。然而，许多简约、平静、洒脱的描画又让我叫彩。然后我这样想：无论是古朴典雅的语言，还是陕北的方言俚语，怕都不宜没个喘息。就是说，一种风格的语言（或过于相似的句式）一贯到底反倒失去节奏，不如只做点睛之笔，如华彩，如谐谑，时隐时现才好。就像围棋，没了空就要死。所谓空，是指某些对话、叙述可以更平白些，更贴近现实生活。阿城的小说料你读

　1　谢渊泓：笔名谢侯之，友人，现居德国。——编者注

过,《孩子王》就在平白与典雅之间运用得恰如其分,到了《遍地风流》就典雅得有些滥,显得刻意了。方言也是,过于难懂的可以就用普通话,否则读者猜着看,倒无暇品味其中的妙趣与鲜活。

2. 在德国驱车旅游的内容,以及与你女儿的交流,像是硬加上去的,似与你的"野草"无大相关。尤其某些章节的开端,只不过拉来做个引线,既不尽意,便显多余。我想也许可以这样:有几节单是写远离故乡的生活与思念,远离那段历史的感受与反省,以及和下一代的"沟"与"通"。"洋插队"和"土插队"于你都是铭心刻骨,都是烧不尽的"野草",穿插写来,料必更具新意。

3. 既写了,当然能发表最好。我可以推荐给某些杂志,但回忆插队生活的那股热已然减温,未必能够如愿。好几年前就有人问过我:插队生活你还要写下去吗?我说:怕那是永远也忘不了的。又问:再怎么写呢?我说:单纯的回忆已经不够,如果历史会记住它,大概就要以历史的眼睛去看它,看它在未来的生活中震荡起的回响吧。所以,以你的"洋插队"生涯,来看那"土插队"的历史,大约正是一个绝妙的视角。历史,最是要拉开时间和空间的距离来看的,那样才看得更为深刻,不至为某种情节所束缚。

就说这几句吧。迂腐,大概就像我的轮椅,已是终生难免了,就让它去做潇洒的参照吧。后人不能从中受益,也可从中得一份警示。

蛇年将至,给你们全家拜年了!

史铁生
2001年1月8日

给姚平[1]

姚平：你好！

　　你要我为你的新书作序，我愿效劳。记得我以前为你的第一本诗集写过一篇序，现在找出来看，发现我已无法写得比那篇更好。不能写得更好倒不如不写，否则露出狗尾。

　　当然，以前那篇序主要也不是因为我写得好，是因为你们——你和你哥宗泽——在生命这条艰难的路上走得好；因为你们行走的姿态，我的文字沾了一份荣耀。"听野草在那里拼命地生长，坦然如我"，"反正/妈妈面前输到哪步田地都有奖品"——这是永恒的诗句，如今读来仍让我感动。为此，我在那篇序中写过："这样，在以后的几个二十二年中就既会迎候成功也能够应付失败了。"一转眼真的差不多又过了二十年了，这二十年自然不比那二十年，但艰辛的性质是一样的，生长也仍在继续，奖品也只能还是那样的奖品。大道不变。变的只是道具，是五颜六色的舞台灯光，是某些剧

---

❶ 姚平：诗人，现居湖南。——编者注

情的细部，而人生戏剧的戏魂其实从未稍有更改——我们还是在上帝与魔鬼打的那个赌中。

如果你愿意，就还是以那篇序为序吧，我看倒更是意味深长。当然也可以请一位更了解你的人，把你这些年具体的写作路程介绍给读者。或者，我这封信也可以算作对以前那篇序的补充，与那篇序一同在你的书前占一页位置。

问候你的父母，问候宗泽，问候你的妻儿，祝你全家好运！

史铁生

2003年7月29日

给林婉瑜[●]

林婉瑜女士：

您好！谢谢您和贵出版社看中拙作《务虚笔记》，并促成在台湾的出版。

1. 这是迄今为止我惟一的长篇小说，也是我费时费力最多的一部作品，既如此，当然我也就比较看重。至于它在我的作品中所占地位，似乎应由读者和评论家们来判定。在我看，它成败兼有，但总的说来是一次大胆尝试：既不甘墨守成规，显然又有许多不成熟的地方。写作之于我，更多的意义不在成品，而在于探问——用笔和纸来看一看，在我的心魂中都发生过什么，以及在心愿深处还有着怎样（不曾发生）的可能。写作未必是对生活的反映和总结，更是拓展生命的一种途径，即它不只是对已发生事物的摹画，更是对心魂之可能性的期盼与寻求，所以——

● 林婉瑜：台湾木马文化事业股份有限公司编辑。——编者注

2. 故事的具体背景并不重要。其实，选择怎样的背景都可以，之所以是现在这样，只是因为我对此比较熟悉而已。书中诸角色的身份与职业也没有什么特别的含意，只是为了把他/她们区分开，就像姓名。但具体的姓名比较狭窄、拘泥，过于具象，或因受现实之某氏的浸染而束缚读者的想象；用职业来区分，可使他/她有着更多的不确定性，从而借助读者生活的参与而展开更大的想象空间。

3. 用数百字来统整叙述书中发生的故事，是件困难的事。因为，实在说，此书的故事性非常薄弱。就是说，它不太看重小说对故事的传统要求。说得过分点：它没有故事，只有情节。这符合我一贯的写作期待——不重成品，而重探问。人一生中有多少完整的故事呢？或人能记得一生中的多少起伏跌宕的故事呢？人们更多地记住的是情节，是并不紧凑的种种经历与心绪和种种盼念与猜想，由之而有了对生命的疑问与沉思。如果一定要有数百字的故事简介，我来试试看——

这可以算是一部准自传体小说。即：书中人物并不都是曾与作者交往过的，书中事件亦非都是作者在现实的经历，但这一切，都是在作者心魂中发生和存在着的。正如书中所说：这里看重的不是记忆，而是印象。记忆是僵死的，大多数已经死去，而印象一直都在，一直鲜活，并且繁衍、扩展，日益深远辽阔。因而你不要用事实的准确性来要求它，你要用某一缕心魂的可能性来理解它。书中所有的事件都是心魂的一种可能，书中所有的角色都是作者的一部分心绪，书中所有的忧喜、善恶，都是作者的梦愿、惧怕与祈祷——他/她/它们或已在现实中显现，或仍埋藏在心里梦里，待机而发。人走过山山水水而成为旅行家。人走过种种的人与事而成为生活者。人走过种种历之不尽、问之不竭的疑难，而成为写作者或探问者。正如作者在另外的文章中说：不是我在创造作品，而是我在写作中受造。书中所有的人与事以及书外的人与事，一样都是我们的可能，或都与我们牵牵连连要我们关注。

　　——要让我写，就只能是这样了。因为故事在这儿并不重要。或是因为，很难对此书做"统整叙述"或"故事简介"。抱歉抱歉，多谢多谢。

　　即颂

编安！

史铁生

2004年2月8日

给胡山林

之一

胡山林先生：您好！

寄来的（包括寄到《北京文学》的）和托杨少波带来的书，都已收到。谢谢了。我真是有点承受不起您这么隆重的评论。

我的情况您大概都知道，学历浅，读书少，生活面又窄，走了写作这条路，起初实在是抱着试试看的态度。这态度，对于我，很可能恰到好处。直到现在也还是这样，每写一篇自以为要紧的东西，都先下一个失败的决心。其实，也许哪一篇对别人都不要紧，只是自己觉着非写不可，是心里的要求，或是百思而似解非解的问题。所以我从不敢妄称是搞文学的，不过是个写作者罢了。

我压根儿就不是能做学问的人，所以也确实没有什么学问，这不是谦虚，是实情。但心里却总有些想不完（想不好，想不透）的问题，也是实情。这大概就是我写作的出发点。而且后来我想，这不该是写作的出发点吗？

文学，越来越像个声名显赫的怪物了，一旦从暗夜的疑难走进明确的白昼，便妄自尊大得忘了本。我真是羡慕那些学识渊博、才华横溢、精力充沛的人，便自窃想，要是他们换一种思向，定会在那疑难中大有作为。我就像不经意间触到了一处矿藏的边缘，自己无力挖掘，说给别人，不以为然者多。

您说命运对我不公，真也未必。四十几岁时，我忽然听懂了上帝的好意，不由得心存感恩。命运把我放进了疑难，让我多少明白了些事理，否则到死我都会是满腹惊慌。

近日读了一本书《精神的宇宙》，送您一本。我不敢说全读懂了，但自觉有所启发。您相信灵魂和转世吗？其实简单。我写过一群鸽子，说要是不注意，您会觉得从来就是那么一群在那儿飞着，但若凝神细想，噢，它们已经生生相继不知转换了多少次肉身！一群和一群，传达的仍然是同样的消息，继续的仍然是同样的路途，克服的仍然是同样的坎坷，期盼的仍然是同样的团聚，凭什么说那不是鸽魂的一次次转世呢？人亦如此。就像戏剧，惟道具的变迁而已，根本的戏魂是不变的。于是才有了一个真正的问题：那又怎样呢？这一切，又都是为着什么？惟当那鸽群离合聚散，呈一片灿烂的闪耀、欢愉的飞舞、悠然的鸣唱之时，空茫的宇宙中才有了美丽。灵魂，便是借助那必然要耗散的肉身，创造着有序，铺陈出善好吧。"子非鱼"，没人知道鸽群懂不懂这个。但作为懂得了这一点的审美者、审善者，同时也是倡美者与倡善者，岂不应当感恩？不过，然后呢？一切一切，都终于有个完吧？"落了片白茫茫大地真干净"，多么令人沮丧。但是，谁说终于会有个完的？其实没有！"空无"是什么？是势，强大到极点的势，因而是成为一切的可能性。通常所谓的"无"，是指无物质，无能量，无时空。"有生于无"当然是不错的，但那是说，有物生于无物，有时空生于无时

177

空。而绝对的无是不可能有的。绝对的无是指什么都没有，怎么又会有了无呢？所以，有是绝对的。有什么呢？有势，甚至可以说是有欲；"空无"之所有者，乃成为一切的可能性也！"空"和"有"相互为势，宇宙大概就是这二者之间无穷的轮回吧？

所以我总是不太相信许诺了终点的信仰，比如极乐，比如成佛。所以我倾向于基督，因为那是指向一条永恒的道路。中国文化特重目的，轻看过程，连民主也被认作是达到经济繁荣的手段。其实，除了过程或路途，人能得到什么呢？所以我说过，幸好这过程或路途是无穷的。这实在是上帝的恩典，以便人可以展开无穷的善好追求。去问问那些渴望终点的人：终点到底是啥？料他们假设都假设不出（道理）来。他们只可能人云亦云地说那是一处无苦无忧的极乐之地。但无苦无忧又是怎么个乐法？他们会说：你不到那儿你就不可能知道。我觉得这至少是一种懒惰，只想有人（或有神）把他们一下子送到一处只剩了享福的地界，以至于连这份福是怎么个享法都懒怠想。其实基督也许诺天国，但那是在永恒的道路上，而道路难免会危难重重，所以他其实是说，天国只可能降临于你行走在道路上的心中。说来有趣：一种信仰是成佛，上天享福；一种信仰是道成肉身，落地与人同苦。如此截然相反的信念，其中必大有道理。

说长了。还是等您来北京时再聊吧，但不必专程来。其实，我们可以通过"伊妹儿"❶交流。说来惭愧，到现在我还不会上网，因为网的发达是在我透析之后，仅有的一点力气不想再送给它。有

---

❶ 伊妹儿：Email。——编者注

178

什么见教您可以传给陈希米，她会打印出来给我看。网的两样好处我准备接受，一是查资料，二是伊妹儿。

本想等我的新长篇出来后再给您写信，也算有一份报答。谁料"人文社"做事中规中矩一丝不苟（应该感谢他们），到现在刚刚二校，就先不等了吧。待书出来后再寄给您。

我还是每周透析三次，自觉比前几年要好多了，各项化验指标都趋正常。请您放心。

祝您全家好！

史铁生

之二

胡山林先生：您好！

谢谢您对《丁一》的评论。尤其谢谢您对我的作品一向的关注，一向如此耐心的阅读和评价。

正如您文中说，人的理想和困境是我"在作品中不断探讨"的主题。此一回《丁一之旅》更是侧重了困境——理想本身的困境，或者说理想本身所埋藏的危险。人类并不乏种种美好的理想，但是千百年中，却常见其南辕北辙。也许，更要重视的，并不在理想是怎样的美好与必要，而在其常常是怎样败于现实的。

丁一的心愿谁能说不好？尤其，这心愿大约就是人类理想的源头。混沌初开，"有生于无"，其时分离就已注定，差别就已注定。

故自诞生之日始，人便在注定的孤苦中开始了相互寻找，尤其是心魂的相互渴盼。可怎么走来走去却与原初的心愿越来越远，竟至背道而驰了呢？就因为"人要取代上帝成为神"❶吧，以人定的善恶取代神的要求；进而相信一切理想（或梦想）都是可以实现的，且以其实现为成功，为快慰。结果正如您所说，违背了自由原则，倒成就了强权与专制。

所以丁一不是要实验，而是要实现。（娥或还有着实验的意图，对实现保有警惕。而秦汉心里是清楚的，故对"丹青岛"既予赞赏，又存疑虑。）心魂隔离的现实催生了爱的理想，使丁/娥走进激情飞扬的戏剧，但最终，强烈的实现欲使丁一忘记了戏剧的原则；或对于他，戏剧原就是一个并非有意的借口。人一落生便向往他人，但同时，这倾向已然携带了危险。这危险，并不止于别人的歧视与攻防——对此依看得清楚：可怕的并不在爱情的扩大，而在权力的扩大。爱情与权力，可谓同根同源。

戏剧的位置，标明了理想的位置。但理想不能存在于现实吗？不对了，理想恰是存在于现实的，恰是现实需要着理想。"人生的理想状态"不能存在于现实吗？好像也不对，正如戏剧不仅存在于现实，而且诞生于现实，"人生的理想状态"也是这样——比如说存在于"写作之夜"，存在于无比辽阔的虚真。因为，思或想也是

---

❶ 信中楷体引文，均出自《圣灵降临的叙事》，刘小枫著，生活·读书·新知三联书店，2003 年。

现实一种；现实中不能没有它们，而它们确也无处不在地影响着
现实。

　　"现实"和"实现"的关系，大概是这样的：不可实现的事物，
不等于不可以追求。而追求，证明了被追求之事物的存在。而大凡
存在的事物，必参与和影响着现实；说它"不现实"通常是不欲追
求，甚或不许追求的借口。可是追求，总归意味着"欲实现"。但
是实现，常又因为"不现实"而行不通。这样的矛盾，使得"存
在"的含义特别值得深究。存在，既不同于现实，又不等于实现，
它还指向着"虚真"——即无形之在，或不实之真；强调它"不现
实"的，或源于不见，或意在抹杀，而必以其"实现"为快愶的，
则因弄错了位置而可能走火入魔。

　　老子说，有为利，空为用。比如建房，一个六面体，若无门窗
之空，便不能用。又比如懂围棋的人都知道，你落子再多，若终未
造空，也还是个死。与此类似的还有篆刻，要留白，所谓"疏能跑
马，密不透风"，意思也是要给人想象的余地。再比如人体，不管
多么婀娜多姿，倘是死膛儿的，气血也难运行。

　　理想的意义，正如戏剧，在于象征。人祈祷着美好的生活。人
对美好的想象与追寻永无止境。但尽善尽美的生活却不在大地上。
因而人创造了戏剧（及种种艺术），来弥补这单调甚至僵死的生活，
以期听见并符合那最为深远的召唤与要求。因而戏剧（艺术）天生
来的——用刘小枫的话说——是"象征叙事"，是"圣灵降临的叙
事"。"别尔佳耶夫说得不错，所谓'象征是两个世界之间的联系，

是另一个世界在这个世界上的标记",是"无论你如何看,也看不够、看不全、看不尽其意味"的。而"此世中最大的象征者是耶稣基督",即那至善至美者对永处残缺之人类的启示。但人却不可能就是他。但圣灵却可以降临在人的心中。

理想的不可实现性在于:(1)实现了,就不再是理想,但永远都会有无穷的召唤在前头。(2)尽善尽美之于人,永远都在寻求中,所以上帝说他是道路。(3)这道路,一不可由人智规定,二不可由人力推行,否则无论怎样美好的理想,瞬间即可颠倒,恶却随之强大起来。(4)但这理想,或道路,又不是可望而不可即的,它永远都是人心中的现实,是如刘小枫所说的:不是"人而神"的实现——即人不可以成为神,而是"圣灵降临"的现实——即"基督精神在此世,才使得真正的象征世界成为可能。……圣灵入驻人的心中,是个体生命的重生过程……"。

太阳是怎样实现的?照耀。风是怎样实现的?吹拂。故《丁一》强调"虚真"。这倒不是说,理想完全不可落实,而是说这个务实的人间——尤其在这个重实的时代——特别需要强调:实外之真是多么重要!真情,真愿,真心……哪样不是虚真,不是"空为用"?而一味地求实(利),则容易忘记理想,甚至轻蔑和厌倦了理想;就好比重婚姻而轻爱恋;就好比当今的舞台上,灯光变幻莫测,布景诱人眼球,满台"尽带黄金甲",人却似一群群无魂之器被调动得不知所归。而另一面,丁一的一味求实(现),又使那美好的虚真顷刻消散,化作实际的魔障。

我没有见过顾城。我也是从各种版本的民间传说中得知那海岛惨剧的。它确实震动了我。但确实，从一开始我就相信事情绝不会像传说中的那么简单。我并没有向谁核实过什么。跟《务虚笔记》一样，《丁一》也主要是我心里的故事。我只是以"丁一"之名去看那理想的危险。理想的危险正是悲剧所在，它远远高于惨剧。有哲人说过："悲剧的诞生，在于感受力。"不被感受的东西等于没有，不被发现的冲突并不进入灵魂考问；惟感受力使悲剧诞生，使灵魂成长。

没有悲剧精神的地方，并不是因为没有悲剧事件，而是因为缺乏那样的感受力。怎么会这样呢？大约还是因为"人要取代上帝成为神"，要求一切都统一在自己麾下。黑格尔说过这样的意思："悲剧的惟一主题是精神的斗争，而且斗争中的两种精神都引起我们的同情。"所以，保留相互对立，但是"都引起我们同情"的精神，是必要的。比如诗人和政治家，其精神取向难免会有不同，如果仅止于互相质问"你为什么不……"，则再美好的理想也难免不得其反。所谓爱上帝，就是要对这人间的一切先取爱的态度吧。一个你不喜欢的地方，一种你不喜欢的状态，你却可以爱的态度来对待它。一切真诚的心愿——比如丁一的，也比如秦娥、秦汉和商周的——若能搭建张弛有秩，相得益彰，才真正是"理想状态"吧；否则，或者失去旺盛的激情与梦想，或者失去有序的一切人间进程。

祝您全家新春好运！

史铁生

2007年2月1日

给林洪道[1]

洪道兄：你好！

把你的诗读了几遍，才读出味道。无论读什么，我很容易受当时的环境和心情的影响；心乱时读诗，甚至完全找不到节奏。我感觉除了第一首，其余几首都很好。就开诚布公地说说我的想法吧。

第一首，无论是情是思，我感觉都有些陈旧。陈旧不等于不好，但陈旧不利于诗；诗，要求独具。比如标题——"今晚我将抛弃所有委婉的词句"，可读下来的感觉却是，恰恰没有抛弃你要抛弃的东西。任何久经公认的好情思，都容易流俗为"委婉的词句"。

其余几首所以都好，恰是反证。至此我忽然明白了一件事：爱情何以是永恒的主题？就因为爱情永远是不确定的情思。有多少真切的情感，便有多少独具的思绪，而同情却难于多样。比如说，不管是怎样的爱情，人们都可能对它说三道四，谁会对同情指指点点呢？同情和怜悯，无疑都是美好的情怀，但正因其确定无疑，所以难入艺术。

---

❶ 林洪道：友人，小学同学，诗人，现居北京。——编者注

你一直说诗不重内容，根本在形式美。当然了，没有形式又何必叫诗呢？形式不美，诗可好在哪儿呢？一篇再深刻的论文，一篇再感人的散文，也还是论文和散文。诗更像音乐，并没有确定的主题，而是灵机一动间的造化，雾里看花般的感慨，是"致虚极，守静笃"之后的情感奔流，甚或觉知的瞬间爆炸。诗当然不等于思想，但它离不开思想。大师之大，既在其通灵的本性，也在其深厚的思想。所谓思想，绝不等同于政治和哲学，真正思想都是"于无声处听惊雷"。连哲学家们都承认诗大于哲，就因为哲是剖析的，诗是全息的。

我这人是偏哲的，所以不大敢写诗。近年来成长出一个优点，就是一切随他去吧：天让我是啥我就是啥，我是啥都是天让我是。把责任推得一干二净，才敢写了几首"诗"，自知不会太好。这是题外话。

再对你的几首好诗说一点毫无把握的想法：你的语言，看得出是有意地古朴，但似乎不必太看重语法。有时候，病句会显出特别的鲜活，半半拉拉的话倒能够增添动感。古朴的句型符合你的绅士趣味，若再点缀些新潮的语式，或更有张力。还有，你那么不在意韵脚吗？不是说刻意押韵，但恰当的韵脚会不会更利于节奏？

说真的，我从未钻研过诗（其实什么也没钻研过），不过是老同学老朋友，想什么说什么吧。我特别记得徐悲鸿有副对联："独执偏见，一意孤行"，想必会符合你。我现在用三副对联来要求我的言行。第一：两耳不闻窗外事，一心只读圣贤书。第二：老老实实做人，认认真真演戏。第三就是这副：独执偏见，一意孤行。

史铁生

2010年11月7日

给李金路

金路：你好！

久盼的信收到了，非常高兴。

但是信中的气息，却仿佛使我若有所失。人当然是社会的人，是环境所决定的，可是，一个勇于斗争的人，不应该让偶然的命运所左右，不应该成为环境的被动的反应物，当他们能够获得一条真理——辩证唯物主义——之时，就要处处予以应用，从而从必然走向自由，去驾驭我们的命运（"命运"二字可以理解成为一种偶然性）。偶然是存在的，也许在我们前进的路上，偶然落入一眼枯井，那么，我们会因此认为井外的世界也是暗淡无光的吗？我们会因此认为我们的路走错了吗？我们会因此而怨天尤人吗？不，绝不会，也绝不应该。如果这样想，那么就只会永远"愧于回首"，永远会因为害怕那眼枯井而寸步不前。你说到总结教训，我非常有同感，我们的过去，你所说的那种诺亚方舟或者什么学生时代，什么罗曼

---

❶ 李金路：曾在陕西延川插队。——编者注

蒂克，那无疑是美妙的，但那些东西除了能给我们教训让我们珍惜现实之外，只能给我们美妙的幻想、破灭的痛苦（当然那种"赤子之心"的朝气应该永葆）。可是如果不把什么"生死""命运"之类的东西，用辩证唯物论的武器去认清，我们就会做命运的奴隶，永远只是遗憾多于自豪，而那种剑一般的斗争锋芒和火一般的革命热情也不能永存。世界就是如此一个世界，现实对于懒惰的宿命论和愚蠢的唯心论同样是残酷的。世界，在哪个角落都存在着斗争，那个美好的乌托邦在有人的地方都不存在。只要还活着，我们就有责任去斗争；只要还能实践于人民之中、社会之中、自然之中，我们就有足够的条件去认识，去改造，去朝着我们的理想——美好的未来去冲杀。也只有如此才堪称人生，才是活着的内容和定义。

关于精神生活、文学艺术，我非常想听听你的见解。在这些领域里存在些什么问题？你的信只画出了一幅苦闷的小布尔乔亚追求精神寄托的画面，而这说明了什么呢？我想，文学艺术、精神生活，都不是上帝所赋予的。它们来自生活实践，它不是某个人的事，而是真正的人民群众所创造的，你那个"将要有一个文艺繁荣"的判断，我是非常同意的。至于我，说心里话，我真想用笔——我仅存的能力——为这个世界再做些什么，但是，能力限制了我，更重要的是脱离斗争将可能使我不能成功。但是，我在死前一秒钟也要朝着理想冲锋。你——我想是有更好的条件、更多的才能为这个繁荣做出些事情来的。

陕西的事，听子壮来信说，略知一二，如下：孙子的医疗站，日趋繁荣，各级领导也倍加关照；×××追孙子，简直到了可耻的程度，罪恶至极已是无法笔墨，此人已被赶出关家庄。大学招生咱们公社八个名额，老黑❶是稳上了，都是党员、高中的。

别无甚事，盼来信。

史铁生

七二年五月三日

---

❶ 老黑：黑荫贵，曾在陕北插队。——编者注

给郑义❶

郑义：你好！

来信收到。第一个念头就是把这信拿给老周❷、徐晓❸看看（与龚巧明❹最后在京分手时就是我们五个），拿给其他朋友看看，这样我们似乎就都在龚巧明的墓前祭扫过了，让她的真诚成为我们的良心。

人经常应该坐坐的地方就是墓地。正如你信中说，那儿能"静得使人想起命运"。那儿并不意味着恐惧与虚无，那儿是个严肃而又宽容的地方。坐在那儿心里就全剩了真话，无须费神为自己辩护，因为在那儿谁也骗不了谁，惟有在寂静中看见自己的残疾，并且必然会追问生命的意义。

（碰巧我刚看完一本关于残疾人康复的书，其中一段说道：通

---

❶ 原名郑光召。清华附中校友，友人，作家，现居美国。——编者注
❷ 周郿英，徐晓的丈夫，友人，70年代末《今天》杂志编辑部成员。——编者注
❸ 徐晓：友人，作家，编辑，70年代末《今天》杂志编辑部成员。——编者注
❹ 龚巧明：作家，编辑。1985年在西藏藏东遇难，年仅三十七岁。——编者注

常残疾人不愿或不敢观察自己残缺的身体，但若有一天他们敢于正视那残疾了，那时他们就真正走上了康复之路。）

我已看见了你在龚巧明墓前默坐的样子。墓里墓外是两个穷问不舍的灵魂。昨天我收到一位朋友的信，信中有这样一句话："许多人问人生的意义，问到一定年龄就不问了，而一直问下去，问到底的人兴许就伟大了。"不必介意"伟大"这个词，这个词已被过多的功利（或名利）弄得面目全非了，其实它只是意味着从渺小的此岸向彼岸的不息超越。"伟大"之不可及，还在于它从来只是一个没有尽头的过程吧。

近日读刘小枫的《拯救与逍遥》，才读了三分之一，觉得确实是好。中国历来缺乏宗教精神以及宗教精神的必要，书中的论点令人信服。我们以往聊天时说起过，中国的哲学若不能飞跃，中国的文学也必受其累。现在哲学界已出现高人了。

盼望你把上次讲的那个长篇尽快写好。重新为这个失魂落魄的文化建一个神界，一个彼岸，一种宗教精神，是比发现它已失魂落魄更难的事。

我们就像坐在墓地上写。写得或什么是另外一回事，无非是走完一个过程。我总记得海明威说的作家三忌：一忌被稿费牵着鼻子走，二忌让评论家牵了鼻子走，三忌成为新闻人物，作家应该甘于寂寞。事情常常怪，作家被捧得神乎其神的时候，恰是作家的写作权发表权最少的时候。在另外一些地方，作家不过是众多职业中的一种，便也如各种职业一样有自己充分的权利了。一种是靠吹捧和骄横树自己的神威，一种是靠自由与真诚使文学变得神圣。

我已不像几年前那样渴望也像你们似的到处去跑了，也不再为不能去跑而痛苦，但我仍然相信，写出大作品的人，必是像你、

像张承志[1]那样，既沉思默想又走遍天涯路者。人只有一条命定之路，我就在这一方天下，一室之间，借残余精力，每日写字为乐吧。日子倒也越来越乐得不行，不做总羡慕他人的傻瓜了。

祝好！

铁生

1988年9月7日

---

[1] 张承志：友人，作家。——编者注

关于哲思

生命的根本困境，

或人生的巨大谜团是在于：

我们以看得见的有限，

受困于看不见的无限。

中国作家协会

陈村：好！

　　偶得一份福音，寄上。自古而今，不怕死的英雄常有，不怕病的好汉绝无。可是我挚想得一份健康，并非何等见不得人的事。我看四十岁是我们躲过的年龄，画你小我两岁，轻轻无期了。不妨照那福音所指，花二毛钱去买一份读明来看，果真不俗，我再多费些钱去治一回。长春有人，去找《作家》的孙里帮助。

　　我的新居好极，唯坡道"尚未修成"，迫镇日锁在家中。

前两天见到
李劼。

祝好这桩！

铁竹
九一年十月四日

给杨晓敏

杨晓敏：你好！

看了您的论文。文章中最准确的一个判断是：我并非像有的人所估计的那样已经"大彻大悟"，已经皈依了什么。因为至少我现在还不知道"大彻大悟"到底意味着什么。

由于流行，也由于确实曾想求得一点解脱，我看了一些佛、禅、道之类。我发现它们在世界观方面确有高明之处（比如"物我同一""万象惟识"等等对人的存在状态的判断，比如不相信有任何孤立的事物的"缘起"说，比如相信"生生相继"的"轮回"说，比如"不立文字""知不知为上"对人的智力局限所给出的暗示，以及借助种种悖论式的"公案"使人看见智力的极限，从而为人们体会自身的处境开辟了直觉的角度，等等，这些确凿是大智慧）。但不知怎么回事，这些妙论一触及人生观便似乎走入了歧途，因为我总想不通，比如说：佛要普度众生，倘众生都成了"忘却物我，超脱苦乐，不苦不乐，心极寂定"的佛，世界将是一幅什么图景？而且这可不可能？如果世间的痛苦不可能根除，而佛却以根除世间痛苦的宏愿获得了光荣，充其量那也只能是众生度化了佛祖而已。也许可能？但是，一个"超脱苦乐"甚至"不苦不乐"的效果原是一颗子弹就可以办到的，又为什么要佛，又为什么要活呢？也许那般的冷静确实可以使人长寿，但如果长寿就是目的，何不早早地死去待机做一棵树或做一把土呢？如果欲望就是歧途，大致就应该相信为人即是歧途。比如说人与机器人的区别，依我想，就在于欲望的有无。科学已经证明，除去创造力，人所有的一切功能机器人都可以仿效，只要给它输入相应的程序即可，但要让机器人具有创造能力，则从理论上也找不到一条途径。要使机器人具有创造力，得给它输入什么呢？我想，必得是：欲望。欲望产生幻想，然后才有创造。欲望这玩意儿实在神秘，它与任何照本宣科的程序都不同，它可以无中生有变化万千这才使一个人间免于寂寞了。输入欲望，实在是上帝为了使一个原本无比寂寞的世界得以欢腾而做出的最关键的决策。如果说猴子也有欲望，那只能说明人为了超越猴子应该从欲望处升华，并不说明应该把欲望阉割以致反倒从猴子退化。而"不苦不乐"是什么呢？或者是放弃了升华的猴子，或者是退出了欲望的石头。所以我渐渐相信，欲望不可能无，也不应该无。当然这有一个前提，就是：我们还想做人，还是在为人找一条路，而且不仅仅想做一个各种器官都齐全都耐用的人，更想为人所独有的精神找一个美丽的位置。还得注意：如果谁不想做人而更愿意做一棵树，我们不应该制止，万物都有其选择生存方式的权利——当然那也就谈不上选择，因为选择必是出于欲望并导致欲望。说归齐，不想做人的事我们不关心（不想做人的人，自然也都蔑视我们这类凡俗的关心。他们这种蔑视的欲望我们应该理解，虽然他们连这凡俗的理解也照常地蔑视。——我惟一放心的是他们不会认为我这是在暗含地骂人，因为那样他们就暴露了暗地里的愤怒，结果违反了"不苦不乐"的大原则，倒为我们这类凡俗的关心提出了证据）。我们关心的事，还是那一个或那一万个人的前途。

这就说到了"突围"。我确曾如您所判断的，一度甚至几度地在寻求突围。但我现在对此又有点新想法了——那是突不出去的，或者说别指望突出去。因为紧接着的问题是：出去又到了哪儿呢？也许我们下辈子有幸做一种比人还高明的生命体，但又怎么想象在一个远为高明的存在中可以没有欲望、没有矛盾、没有苦乐呢？而在这一点上佛说对了（这属于世界观）：永恒的轮回。这下我有点懂了，轮回绝非是指肉身的重复，而是指：只要某种主体（或主观）存在，欲望、矛盾、苦乐之类就是无法寂灭的。（而他又希望这类寂灭，真是世上没有不犯错误的人！）这下我就正像您所判断的那样"越走越逼近绝境"了，生生相继，连突围出去也是妄想。于是我相信神话是永远要存在的，甚至迷信也是永远要存在的。我近日写了一篇散文，其中有这么两段话："有神无神并不值得争论，但在命运的混沌之点，人自然会忽略着科学，向虚冥之中寄托一份虔敬的祈盼。正如迄今人类最美好的向往也都没有实际的验证，但那向往并不因此消灭"，"我仍旧有时候默念着'上帝保佑'而陷入茫然。但是有一天我认识了神，他有一个更为具体的名字：精神。在科学的迷茫之处，在命运的混沌之点，人惟有乞灵于自己的精神。不管我们信仰什么，都是我们自己的精神的描述和引导"。我想，因为智力的有限性和世界的无限性这样一个大背景的无以逃遁，无论科学还是哲学每时每刻都处在极限和迷途之中，因而每时每刻它们都在进入神话，借一种不需实证的信念继续往前走。这不需实证也无从实证的信念难道不是一种迷信吗？但这是很好的迷信，必要的迷信，它不是出自科学论证的鼓舞，而是出于生存欲望的逼迫。这就是常说的信心吧。在前途似锦的路上有科学就够了，有一个清晰而且美妙的前景在召唤，谁都会兴高采烈地往前走，那算得上幸运算不得信心，那倒真是凭了最初级的欲望。信心从来就是迷途上的迷信，信心从来就意味着在绝境中"蛮横无理"地往前走，因而就得找一个非现实的图景来专门保护着自己的精神。信佛的人常说"我佛慈悲"，大半都是在祈望一项很具体的救济，大半都只注意了"慈"而没有注意"悲"。其实这个"悲"字很要紧，它充分说明了佛在爱莫能助时的情绪，倘真能"有求必应"又何悲之有？人类在绝境或迷途上，爱而悲，悲而爱，互相牵着手在眼见无路的地方为了活而舍死地朝前走，这便是佛及一切神灵的诞生，这便是宗教精神的引出，也便是艺术之根吧。（所以艺术总是讲美，不总是讲理。所以宗教一旦失去这慈悲精神，而热衷于一个人或一部分人的物界利益时，就有堕落成一种坏迷信的危险。）这个悲字同时说明了，修炼得已经如此高超的佛也是有欲望的，比如"普度众生"，佛也是有苦有乐有欢有悲的。结果非常奇怪，佛之欲求竟是使众生无欲无求，佛之苦乐竟系于众生是否超脱了苦乐。这一矛盾使我猜想，此佛陀非彼佛陀，他早已让什么人给篡改了，倘非如此我们真是要这个劳什子干吗？无非是我们以永世的劫难去烘托他的光环罢了。所以，我一直不知道"大彻大悟"到底是什么，或者我不相信无苦无乐的救赎之路是可能的是有益的。所以，灭欲不能使我们突围，长寿也不能。死也许能，但突围是专指活着的行为。那个围是围定了的，活着即在此围中。

在这样的绝境上，我还是相信西绪福斯的欢乐之路是最好的救赎之路。他不指望有一天能够大功告成而入极乐世界，他于绝境之上并不求救于"瑶台仙境，歌舞升平"，而是由天落地重返人间，同时敬重了慈与悲。他千万年的劳顿给他酿制了一种智慧，他看到了那个永恒的无穷动即是存在的根本，于是他正如尼采所说的那样，以自己的劳顿为一件艺术品，以劳顿的自己为一个艺术欣赏家，把这个无穷的过程全盘接受下来再把它点化成艺术，其身影如日神一般地做美的形式，其心魂如酒神一般地常常醉出躯壳，在一旁做着美的欣赏。（我并没有对佛、禅、道之类有过什么研究，只是就人们对它们的一般理解有着自己的看法罢了。不过我想，它们原本是什么并不如它们实际的效用更重要，即："源"并不如"流"重要。但如果溯本清源，也许佛的精神与西绪福斯有大同，这是我从佛像的面容上得来的猜想，况且慈与悲的双重品质非导致美的欣赏不可。）所以宗教和艺术总是难解难分的，我一直这么看：好的宗教必进入艺术境界，好的艺术必源于宗教精神。

但是这又怎么样呢？从死往回看，从宇宙毁灭之日往回看：在写字台上赌一辈子钱，和在写字台前看一辈子书有什么不一样呢？抽一辈子大烟最后抽死，和写一辈子文章最后累死有什么不一样呢？为全套的家用电器焦虑终生，和为完美的艺术终生焦虑有什么不一样呢？以无苦无乐为渡世之舟，和以心醉于悲壮醉于神圣为渡世之舟又有什么不一样呢？如果以具体的生存方式论，问题就比较难说清，但把获得欢乐之前、之后的两个西绪福斯相比较，就能明白一个区别：前者（即便不是推石头）也仅仅是一个永远都在劳顿和焦灼中循环的西绪福斯；后者（无论做什么）则是一个既有劳顿和焦灼之苦，又有欣赏和沉醉之乐的西绪福斯，因而他打破了那个绝望的怪圈，至少是在这条不明缘由的路上每天都有一个悬念迭出的梦境，每年都有一个可供盼望的假期。这便是物界的追寻和

（精）神界的追寻所获的两种根本不同的结果吧。当然赌钱或许也能赌到一个美妙境界，最后不在乎钱而在乎兴奋了，那自然是值得祝贺的。但我想，真有这样的高人也不过是让苦给弄伤了心，到那牌局中去躲避着罢了，与西绪福斯式的欢乐越离得远些。

最后有一个死结，估计我今生是解它不开了：无论哪条路好，所有的人都能入此路吗？从理论上说人都是一样的构造，所以"人皆可成佛"，可是实际上从未有过这样的事实；倘若设想一个人人是佛的世界，便只能设想出一片死寂来，无差别的世界不是一片死寂能是什么呢？至少我是想不出一个解法来。想而又想可能本就是一个荒唐者的行状，最后想出一个死结来，无非证明荒唐得了有点水平而已。那个欢乐的西绪福斯只是一个少数，正如那个"大彻大悟"的佛也是一个少数，又正如那些饱食终日的君主同样是一些少数，所谓众生呢？似乎总就是一出突围之戏剧的苦难布景，还能不体会一个"悲"字吗？

史铁生

1990年

给李健鸣

李健鸣：您好！

总算把年过完了。在民间传说中"年"被描画成一种可怕的怪兽，果然不假。

我是这样想：在"爱的本身"后面，一定有"对爱的追求"，即一定有一种理想——或者叫梦想更合适。这理想或者梦想并不很清晰，它潜藏在心魂里而不是表明在理智中，它依靠直觉而不是逻辑，所以它如您所说是"无法事先预料和无法估计后果的情感"。这很明白。我说"爱是一种理想"，其原因并不在于此。

您说"也许爱的最大敌人就是恐惧了"，我非常同意。我所说的理想，恰恰是源于这"最大的敌人"。恐惧当然不是由性产生，人类之初，一切性活动都是自然而然。只当有了精神寻求，有了善恶之分、价值标准，因而有了物质原因之外的敌视、歧视和隔离，才有了这份恐惧，或使这恐惧日益深刻。人们于是"不敢打开窗户"。倘其不必打开倒也省事，但"不敢打开"恰说明"渴望打开"，这便是理想或梦想的源头。这源头永远不会枯竭，因为亚当、夏娃永远地被罚出了伊甸园，要永远地面对他者带来的恐惧，所以必然会永远怀着超越隔离的期盼。

有些神话真是寓意高妙。比如西绪福斯滚动石头，石头被推上山顶又重新滚回山下，永无停歇。比如斯芬克斯的谜语，谜底是"人"，谁若猜它不出谁就要被吃掉。比如亚当、夏娃吃了知识树上的果实，懂得了羞耻，被罚出伊甸园，于是人类社会开始。

宗教精神（未必是某一种特定的宗教——有些宗教也已经被敌视与歧视搞糟了）的根本，正是爱的理想。

事实上我们都需要忏悔，因为在现实社会中，不怀有歧视的人并不多。而这又是个不可解的矛盾：一方面，人类社会不可能也不应该取消价值标准，另一方面价值标准又是歧视与隔离的原因——这就是人间，是原罪，是上帝为人选定的惩罚之地。我常常感到这样的矛盾：睁开白天的眼睛，看很多人很多事都可憎恶；睁开夜的眼睛，才发现其实人人都是在苦弱地挣扎，惟当互爱。当然，白天的眼睛并非多余，我是说，夜的眼睛是多么必要。

人们就像在呆板的实际生活中渴望虚构的艺术那样，在这无奈的现实中梦想一片净土、一种完美的时间。这就是宗教精神吧。在这样的境界中，在沉思默坐向着神圣皈依的时间里，尘世的一切标准才被扫荡，于是看见一切众生都是苦弱，歧视与隔离惟使这苦弱深重。那一刻，人摆脱了尘世附加的一切高低贵贱，重新成为赤裸的亚当、夏娃。生命必要有这样一种时间，一块净土，尽管它常会被嘲笑为"不现实"。但"不现实"未必不是一种好品质。比如艺术，我想应该是脱离实际的。模仿实际不会有好艺术，好的艺术都难免是实际之外的追寻。

当然，在强大的现实面前，这理想（梦想、净土）只能是一出非现实的戏剧，不管人们多么渴望它，为它感动，为它流泪，为它呼唤，人们仍要回到现实中去，并且不可能消灭这惩罚之地的规则。但是，有那样的梦想在，现实就不再那么绝望，不至于一味地实际成经济动物。我想，这就是应该强调爱是一种理想的原因。爱是一种理想或梦想，不仅仅是一种实际，这样，当爱的实际并不美满之时，喜欢实际的中国人才不至于全面地倒向实际，而放弃飘缈于心魂的爱的梦想。

我可能是幸运的。我知道满意的爱情并不很多，需要种种机遇。我只是想，不应该因为现实的不满意，就迁怒于那亘古的梦想，说它本来没有。人若无梦，夜的眼睛就要瞎了。说"没有爱情"，是因为必求其现实，而不大看重它更是信奉。不单爱情如此，一切需要信奉的东西都是这样，美满了还有什么好说？不美满，那才是需要智慧和信念的时候。

如果宗教意义上的爱不可能全面地现实，爱情便有了突出的意义——它毕竟是可以现实的。因而它甚至具有了象征意味。它甚至像是上帝为广博的爱所保留的一点火种。它甚至是在现实，和现实的强大包围下的一个圆梦的机会。上帝把一个危险性最小的机会（因为人数最少）给了恋人，期待他们"打开窗户"。上帝大约是在暗示：如果这样你们还不能相互敞开你们就毫无希望了，如果这样你们还是相互隔离或防范，你们就只配永恒的惩罚。所以爱情本身也具有理想意义。艺术又何尝不是如此？它不因现实的强大而放弃

203

热情，相反却乐此不疲地点燃梦想。

我越来越相信，人生是苦海，是惩罚，是原罪。对惩罚之地的最恰当的态度，是把它看成锤炼之地。既是锤炼之地，便有了一种猜想——灵魂曾经不在这里，灵魂也不止于这里，我们是途经这里！宇宙那宏大浑然的消息被分割进肉体，成为一个个有限或残缺，从而体会爱的必要。

在夜的辽阔无比的声音中，确实蕴含着另外的呼唤，需要闭目谛听（我才明白为什么音乐是最高级的艺术，因为听之辽阔远非视界所能比及）。我们途经这里，那就是说我们可以期待一个更美好的世界，比如说极乐世界。但这不应该被强调，一旦这样强调，爱的信念就要变成实利的引诱，锤炼之地就难免沦为贿赂之地。一个更美好的世界，不管是人间还是天堂，都必经由万苦不辞的爱的理想，这才是上帝或佛祖或一切宗教精神的要求。

现在的一些气功或崇拜恰恰相反，不是许诺实利就是以实利为目的，所以可疑。

您的信中最后说道，"所有你能遇到的意识形态都是为了去掉你的天性"，"那不是任何理论所能解决的，只能依靠我们的心性"。这真是说得好。我曾真心地以为真理越辩越清，现在我知道，真理本来清楚，很可能是越辩越糊涂。很多理论，其出发点未必是为生命的意义而焦虑，甚至可能只是为了话语的权利而争夺。思考是必要的，但必须"直指心性"。

先写这些。祝好！

史铁生

1999年2月28日

给严亭亭

亭亭：你好！

早就说把春节写的这封信写完寄给你，可拖来拖去一直到今天。

那天电话里，X兄简单谈到了对信仰（或神性）的理解。他似乎仍很看重神迹（绩），强调：惟对那功法祈信专一方可获其效力。电话仓促，不及多说。其实我也并不否认神秘事物的确有，只是不以为那是信仰的要点。我想，他所以如此看重神迹，最可能的原因是，他对"神"的理解或认信多在治病的角度——始于治病的期待，终于治病的落实，这便容易使信仰囿于实际。其实，仅从治病角度看——无论是医身（生理）还是医心（心理），他的那些理解其实我也都同意。比如他说：打坐、练功，是心与身的对话；心对身的引领作用很久以来就被现代医学所忽视，而其根治病患的效力，远非西医的局部施治可比——这类见解我真的都很赞成。不久前读到一篇报道，说是科学家们已经根据量子力学原理，证明了意念移物是可能的。是呀，意念也具能量，何以不可做功于实际？但问题在于：科学不能等同于信仰，功法就能吗？尤其，种种功法明显是指向"身"的，惟着眼于生理的强健与心理的安康。这当然没什么不好。不仅没什么不好，而且我们每个人在劝慰自己的情绪、调整自己的心理时，有意无意都接近运用着这类方法。但要说这便是信仰，便是神在的证明，我就怀疑。神的关怀仅在于身吗？神的作为，仅在于生理强健与心理安康吗？现代医学更是治愈了多少身疾呀，科学更是创造了多少奇迹，难道能以此证明神在？信仰或神性，不是更要指向人的精神和灵魂吗？

但"精神和灵魂"会不会是两个空洞的词？会不会是"心"的同义反复？"精神和灵魂"如果不是"心"（或者还有"智"，汉语中心智二字经常连用），那又是什么？"精神和灵魂"的关怀，若不落实在"心"的安康或明智，又将脚踏何处？我无能考据这几个词的源头差异，我只能据其流用来界定它们的不同："身"的需要是强健，正如"心"的归宿在安康与明智，而"精神"——却因其不拘一身一心的关怀与落实，和立于有限而向无限的探问，所以注定是无法怡然自在的。惟不期逃避地面对人之"命定的残缺"（刘小枫称为"人的在体性欠然"），"精神"方才诞生。当人面对从理论上说都无从解除的生命困境或谜团时，神才出面，神的存在才可证明。看家护院的是警卫，救死扶伤的（不管所用何法）是医生，减灾灭祸的有保险公司，明确可行的事理属于科学，知其然而不知其所以然的能力当算作准科学或潜科学，惟在人智、人力无望解除的困苦（残缺、欠然、原罪）面前才有信仰的生成。这信仰于是不能在强健、安康和明智面前止步。危困中的精神所以才要倚仗爱愿。牵牵连连或生生不息的灵魂所以一向都在祈祷爱。

但是"爱"，是否又一个空洞的词呢？设若人人都能——如各类偶像所许诺的那样——身体强健、心理安康、怡然自乐，岂不就是爱愿的实现吗？但这差不多是废话，这话等于说：如若灭尽人间苦难，岂不就实现了爱愿？但是但是！清醒的人（有理性的人）都知道，这不可能。正因这"不可能"所以才有信仰的诞生。这"不可能"甚至不是由于社会的不够公正，或法律的不够健全，而是因为人智、人力、人性的生就"残缺"或"欠然"。但凡存在（不论天堂、地狱、人间），则必是两极对立——有限与无限。人以其有限处于无限之中，即是说：人无论走去何处、思向何方，都必陷入迷茫。而这才是神迹（绩）的根本，是神的创造而非人的臆想，是神为人设下的一条无从逃避的恒途——人惟对此说"是"，对人之一厢情愿的臆想说"不"，才可能理解"爱上帝""爱人生"，以及人间的互爱。这本无意义的恒途，惟爱可以拯救，可使其精彩、升华，以别于他类物种终生莫名的存活。

但是，爱，为什么就一定是好的（善）？怎样证明这一点？在人诸多的愿望中，凭什么单单认为爱是上帝的要求？换句话：人是怎样听见上帝的爱的命令的？或者，人为什么越来越难于听见那命令了？就因为人离开生命的起点——或最初的眺望、写作的零度——越来越远了。（就好像戏剧，道具愈益丰富多彩，灯光愈益五光十色，角色却更易迷失其中，更易淡忘戏剧原本的意义——目前国内的戏剧、影视就正是这样，导演们纷纷宣称：只要好看！）而只要你回到生命的起点——回到有限面对无限的清醒位置，回到枯寂渴望着精彩、孤独渴望着团聚的时候，你就会重新发现：那渴望压根儿就是爱愿。或者说：惟有爱，可能救你于寂寞与孤独，可以筑起精彩恒途与团聚的归路；相反，恨惟加重那原初的危困。所以神命虽非人说，却又可由人传。数千年的文化缠缠绕绕，立言者越多歧途越多，任何主义都可能是一眼陷阱。我非常钦佩刘小枫所做的工作，我想他是要把那些缠缠绕绕的嘈杂理清，理回到人可以听清上帝声音的地方，惟不知能否做到。

但是，好吧，就算爱的命令可以听清，终于又能怎样呢？——中国人喜欢这样问，隐含的意思是：终于是死呢，还是真能上天堂？若到底还是一个死，就不如先享些此世福乐；若真有天堂可上，倒还值得投些"良善"之资，以期来世去享那利滚了利的福。这类贿赂性的心理姑且不说，单说中国人似乎更关心人的"中断性"或"结束性"处位，——就像通常的神话故事，非给出一个圆满的结尾不可，否则就冒犯了实用传统。但信仰的故事既是在无限中诞生，便注定没有结尾，而是永远的过程，或道路——我怎么想都觉得这其实才更美妙，是神之无与伦比的创意，是人最要感恩的神迹（绩）。

对苦难说"是"的，才可能铸成爱愿；对福乐说"是"的，就怕要潜移默化地造就贪图。对苦难说"是"的，不会以实际的效用来做信仰的引诱，而期待福乐的信仰常被现实效用所迷惑。两种信仰之不同的期求，大约就是"精神"与"心"之不同的源头。这点上我觉得X兄没想明白。我常纳闷儿：他一生致力于改造中国，为什么不在这根节上看看究竟？我所以后来常想这类问题，实在是出于一个非常简单的逻辑：我不相信一个深陷歧途的人或族，其信仰的源头没有问题；我相信一切结果都必与其初始条件紧密相关。X兄的血从不平静，对善有着充盈的爱，对恶有着切齿的恨，且其诚实、善思亦少有人能比。所以我有时想，信仰不能仅仅出于善好的初衷，不厌其烦地思辨与言说我看更是重要——信仰的逻辑，非听听那些大师的说道而不能清楚。我相信，理性的尽头才有好的信仰，理性和信仰绝非火与水的关系，而是互补关系，相得益彰的关系。

当然，有可能都是我想错了，或误解了，或听得不全因而理解得片面了。

写多了。因为这些事常常还是我的谜团，与其说是给你写信，不如说是昨晚的电话之后，我觉得又需要把自己理理清楚了。但是真的清楚了吗？常常怀疑。所以写给你，看看有哪儿错了。信仰之事，看似简单，却常混乱，倒应了那句偈："时时勤拂拭，莫使染尘埃。"我常想这会不会是魔鬼为人设下的最根本的谜局，以便在与上帝的赌博中取胜？如今再想《浮士德》才觉歌德之伟大，才想到他可能是说：这浮世之德，太可能去投在靡菲斯特❶魔下。

此信所言，勿与X兄说。他正一心练功，不可打扰，把病治好是当务之急，信仰之事暂可不论。那天他还说：信此就要拒彼，否则彼长此消，反为其乱。我觉得这里面又有问题：功若为信（仰），医为（技）术，二者就不可比，怎会彼长此消？信者，都不坐汽车吗？只有信仰可与信仰比，只有信仰当言持一；且信仰的持一恰是相对偶像而言，惟偶像可以破坏信仰，把信仰引向歧途——比如造人（或物）为神。信仰与科学大可兼容并蓄，否则倒合了无神论者的逻辑：信仰是反科学的。如若"功"与"医"可相互抵消，足见那功还是术，不过潜医学而已。我真是不信，医而药之，就能动摇信仰，就能使人对信仰持疑？（可能是我病得太多，太相信医药。可是我没觉得那对我的信心有什么妨碍。）若那"信仰"依赖的只是术，或医治的只是身，我又看它未必是信仰了。总之，就像要修你该修的车，同时行你要行的路一样——治你当治的病，信你真心

---

❶ 靡菲斯特：一般指梅菲斯特，歌德创作的《浮士德》中的魔鬼。——编者注

的信。我看不出治病的手段为什么会影响信仰，就像修车的方法不会决定你走什么路。不过此时还是不要与他过多地讨论信仰问题的好，要劝也只反复证明：车与路，两回事；卖车的若要求你必须去哪儿，那倒可疑。不过我想，任何疗法，无论兼容还是独尊，都需心平气定，单就治病而言，X兄可能已经研究透了。我实在是不敢跟他胡言乱语。你离着近，可酌情言其一二。

　　不写了。再祝全家：
年年好运　岁岁平安！

铁生

2003年1月26日

　　以上是前回写的。再写几句：我又想，放开信仰不说，那功若为术，说不定也有与现代医学相冲的可能——不同思路的疗法相互干扰，倒是说得通的。不过那功的一些说道，真是左右逢源：病好了是此功有效，病重了是此功排毒，终于治坏了便说是圆满去了。这实在强词夺理，典型的无理性。超越理性的是神启，删除理性的必定是为着人说了算。

　　前几天有人拿来几张Y讲道的光盘，其中两个观点我也想不通。第一个是老问题：世界既然是上帝创造，他为何不使人类都向良善？Y回答的大意是：上帝相信给人自由是好的，否则人皆一律，上帝觉得枯燥、无趣。Y认为，不会再有比这更刁钻的悬问，也不可能再有比这更透辟的回答。我也曾窃自有过如上的问与答，但发现，如此之答若仅用于说明宇宙的无中生有，倒不妨算得一种机智或浪漫，若以此来证明神的全能全善就不免捉襟见肘，因为明显地至少还有一问：全能全善的上帝就是为了自己开心，便让人间充斥邪恶与不义吗？我想，**Y**的毛病出在：他把自然的神和启示的神弄混了。在我想，单就创世而言，神的概念与"大爆炸"之类的学说无大不同，宇宙初始之因总归神秘。但是"大爆炸"等等只不过是一种陈述，一种猜想，而上帝之在则是对生命意义的启示，或者说，惟当意义成为悬问，上帝方才临在，一种神圣的指引方才可能。当造物主显现其为救世主的一面时，一向寂寞的生命方才美丽、精彩，一向无缘无故的存活方才有了投奔，一向没有光彩、没有爱愿、没有诗意的感知，方才可能生气勃勃地享其天恩。

第二个观点，**Y**说，他自信仰了基督，便懂得了爱，爱一切，再没有恨，甚至连某些恶事也不痛恨了。恨的心理所以不好，依我看，主要在其既无理性，也无智慧，因而会酿制更多的错误与不义，但这并不意味着可以没有价值标准。爱，不意味着没有善恶之分。一味地使自己圆融于怡乐，这不像耶稣的足迹，倒像遁世者的逍遥。放弃价值，大约也就不会有拯救，只可能有顾自的逍遥。恨着恶事，其实是爱。什么都不恨，等于什么都不爱，只顾着自己的心理平静和生理舒适。说实在的，**Y**的这种态度着实令我惊讶，继觉悲哀。在自由中这种怡乐是可能做到的，但不是人人都能处在他那样的自由中。**Y**若听我这么说，可能会对其恨与爱的概念做出种种界定，那当然好。

我一直以为"爱"和"喜欢"殊有不同，但人们最容易把这两种感受搞混。说实在的，中国的很多事真让我不喜欢，甚至是厌恶，但却不能说我不爱她。喜欢多指向占有，爱则意味着建设。

喜欢是当下的，爱则期待得久远。但是对某些恶行，不言恨，只说不喜欢和讨厌就显得太轻佻。想来，某种恨——这需要细细界

211

定——也是期待得久远，愿那恶行从此灭绝。两种久远的期待，料必有着相同的根。

又写了不少。写到这儿我忽然想，要是你有兴趣，咱们可以不定期地通通信。胡言乱语能让人更自由，因而常能有美妙的思想闪现。这样你也就能开始动笔了。林达那本书就是书信体。我曾想与希米假装通信，但一是假装必假，二是互相太熟悉，说了上句便知对方下句，就没了动力。

好了，再聊。祝全家好！

铁生

2003年2月28日

给王朔[1]

之一

王朔兄：好！

譬如生死、灵魂，譬如有与无，有些事要么不说，一说就哲。其实我未必够得上哲，只是忍不住想——有人说是思辨，有人说是诡辩。是什么无所谓，但问题明摆着在那儿。

1. "绝对的无是有的"，这话自相矛盾。所以矛盾，就因为不管什么，要么不知（不能说也不能想），一知（一说一想）就有了。所以，这句话，躲闪不开地暗示了一个前提：有！或有对无（以及"绝对的无"）的感知与确认。——可是这样来看，绝对的无，其实就不可能有。

2. "到达了无限"，这话还是矛盾。不可到达的，才是无限。无限，只能趋近，或眺望。但这就又暗示了一个趋近者或眺望者的位

❶ 王朔：友人，作家。——编者注

置。所谓"无极即太极"，我想就是说的这个意思。所以我总不相信"人皆可以成佛"，除非把这个"成"字注明为进行态，而非完成时。

3. 那就不说"到达"，说"就是"——我，就是无限！行不行？还是不行。我，意味着他和你，当然是有限，有限不能就是无限。

那就连"我"也去掉，也不说，一切主语都不要——你们这些咬文嚼字的人！——只说无限本身，行吗？无限本身是存在的，这总没问题了吧？是，没问题了（暂不追究"无限"谈不谈得上"本身"）。不仅没问题了，什么也就都没了，绝对地无了——但发现这一点的，肯定不是无限本身。"天地无言"，无限本身是从来不说话的。岂止不说话，它根本就是无知无觉，既不表达，也无感受，更不对种种感受之后的意见有所赞成及反对。惟有限可以谈论它、感受它、表达它，惟有限看出它是无限本身。无限是如何与如何的，怎样并怎样的——这不是别的，这正是有限（譬如人）对它的猜想，或描画。

那就再换句话，这样说：既然无限是存在的，这无限，不可以自称为"我"吗？是的，不可以，也不可能。无外无他才可谓无限，无外无他谈何"我"哉？

4. 你说这是纠缠词句，是限于人的位置，在折磨逻辑。而你是亲历其境，实际地体验了它，进入了它，成为了它。虽然我不怀疑你说的是实话，但你注意到没有：实际上你还是在一个有限的位置上（此岸），描述着与无限相遇的感受，猜想着那种状态之无限延续的可能。实际上是，有那么一阵子，你进入了一种非常状态，即与素常束缚于人体（心智）的感受迥然不同的感受。但问题是：实际上，你不能证明那样的状态已是无外无他，你不能用短暂的状态证明终点，证明永恒；相反，倒是那状态的短暂，表明了它实际并不无限，表明了仍有一种对立状态在实际地牵制——即有限的牵制，有限之此岸向无限之彼岸的短暂眺望。其实，有很多途径可以体验无限，进入无限，但你还是不能说：我就是它，我成为了它。

5. 当然，你那"短暂状态"是如此地不同寻常，完全不同于寻常的想象、眺望和猜想，以至于谁也没法儿说它不是真的，不是实际——如果这还不是真的，不是实际，那就不知道"真的"和"实际"到底是要指什么了。

没问题，我绝不怀疑这是真的，因为刬去感受（感知），"真"就丧失根据。但我倾向于把"真"与"实"区分开。比如梦，便是真而不实，因为它终于要醒来，醒入"实"。这么说吧：无论多么玄虚短暂的感受，都可堂堂正正地称真，但一入实，则必有后续——接下来是什么？然后呢，怎样？看不到然后，就会真、实混淆，那是梦游状态、艺术或精神病状态——我不是说这不好，我只是说：真，可以不实；实，也可以不真，比如说实际中有多少误认。——这不是道德判断，更没有价值褒贬。

不实之真不仅可能，而且通常是"实"的引导，譬如梦想是现实的方向。但我要说的还是：不能没有实，不能停留在梦里。不能没有实，和不能停留在梦里，并不是指人不得不干点务实性工作，而是说生活（世界、存在、一切）都是从不停留的，不可能没有后续，因而无论人还是什么，都在无始无终的过程中，没有终点，不可到达——而这就是实，实在，或实际。这么说吧：感受是真，感受的永无止境是实，加起来叫作：真实。中国信仰，说也总是说着"迁流不住""不可执着"，但盼望的还是一处终止性天堂，并不真信一切都在无限的行走与眺望中。

6. 我有时想：一缕狗魂，设若一天忽离狗体而入人身，怎样呢？它一定会在刹那间扩展了的自由中惊喜欲狂，一时不知（或

215

来不及知）人身的限制何在，而以为这就是无限了，就是神。（恕此话有点像骂人，实在我是选了一种最可爱的动物来做比喻。）那么，人与超人——借用尼采一个说法——的关系，是否也就这样？（所以尼采的"超人"，使惯于做等级理解的国人备受刺激，其实呢，他是强调着超越的永无止境。）

当然，你可以设想那短暂状态的无限延长。而我当然就不应该强词夺理，说那毕竟只是设想。因为设想也是真，也是存在之一种，正如梦和梦想是存在之一种，甚至是更为重要、更为辽阔并巨大的存在。（那正是"超人"的方向吧？）超人之"超"，意味了距离，意味了两端。所以，我如果说"那毕竟是设想"，也只是指：无论"超"到什么程度，仍也离不开有限一端的牵制。

7. 在我理解，你的意思之最简明的表达是：因那短暂的亲历，已足够证明那非凡状态的确有，足够证明无限的存在！既如此，无限可以在彼，为什么不可以在此？它可以就是无限，为什么我不可以就是无限？我曾经不是它，为什么我不可能终于是它？（插一句：佛徒的所谓"往生"，大致就是这样的期求。）

而我的意思之最简明的表达是：我当然相信那短暂状态的确有，相信无限的存在，这是前提——条条大路通罗马，绝不止一法可以通向它。我的不同意见（其实只是补充意见）是，无限的确在，不仅不能证明有限的消灭，而且恰恰证明了此岸的永恒。彼岸的确有，缘于此岸的眺望；无限的存在，系于有限的感知。反过来也一样。其实我对你那亲历毫不怀疑，我想说的只是一点：两岸之永恒地不可以脱离！因为，缺一必致全无。全无就算有，必也是音信全无，那是上帝创造（宇宙大爆炸）之前就曾达到过的，想必也是上帝没收（或人类玩响一场核战）之后仍可以达到的——只是当真如此，有限与无限就一同毁灭。

8. 我记得那天的话题是从身魂分离开始的。在我想，你那非凡状态，正是身魂殊为明显的一次（或一种）分离。曾有哲人说：超越生死，惟身魂分离之一径。——不细说，细说没头儿。

只说分离。又有哲人说：上帝的创造，即在分离——分离开天地，昼夜，万物。于是乎无中生有！无中生有，实为无奈之词，姑且之说。因为即便高瞻远瞩如老子者，也还是在有限之维，也难寻遍存在之无限的维度，也只好称那猜想中的无边无际为"混沌"，为"道"。而这"道"字，正是指"无极即太极"吧？正是指永恒的行走与眺望吧？我看这不是某人或某维的局限，这是存在的本质，失此而为不在。存在既始于分离，就意味着对立，惟对立中才有距离——空间，时间，乃至思维之漫漫——才是存在。对立消失，一切归零，即成不在。而虚无不言，虚无一言便又是对立的呈现——即"存在"对"虚无"的言说（眺望、感受、描画）。而对立的极致，便是有限与无限的两端。

我的意思还是：那老子不可言传之物（之在，之态），谁也不可能就是它，谁也不可能弃绝有限而永为无限，谁也只能是以有限的位置做无限的行走与眺望。虽然超越常人之维的所在多有（别有洞天），可在不同于人之身心的限制中享有异乎于人的自由，但仍不可以是绝对、无限和永恒，因为一极之失，必致全面回零——虽然这其实办不到。

（多说一句：神在，一种是由亲眼目睹来证明；一种是由"调查属实"来证明，比如神迹；还有一种，即以有限证明无限，以人的残缺证明圆满，而圆满即是神在。后一种证明，也许是不期然地有了一个好处：人与神既有着绝对距离，所以在这样的信仰地，造人为神的事就难于得逞。）

9. 我有时想，宇宙的多维，多就多在观察的无限可能性。一观，即一维。（譬如高僧的"六根"清净，其实还是观，也许就观到了五维、六维。）但脱离观察，不能存在，更谈何维？

物理学中有一说，叫作"人择原理"，意思是：人类常惊讶地问，世界何以如此（利于人类生存），而非如彼（那样的话就少了全部的麻烦）？回答是，正因为世界如此，才诞生了人类，人类才能对世界做如此之观与问，如此之观与问便使世界呈现为如此。

这样看，我们的一切感受与表达，不过是如此世界的如此消息。简单说，世界有消息发散，因故有人。所以我猜，一维一世界，各有其消息要发散，故各有其类人之物（之心，之思，之魂）存在。只是，比如人与人之间的难于沟通，维与维之间就更难逾越。一旦逾越，便是一种全新境界（譬如初恋时，世界忽儿扩展，有如不曾发现的一维），新得你无言以对（譬如初恋之喜悦，妙不可言），新得你来不及看清那一维的边缘或限制，以为无限（譬如说落入情网的疯狂，看其他都是狗屁不如）。所以我又猜，恰恰是无极孤苦，无从表达——限制消失，找不着自我，没边没沿的话可怎么说？没边没沿的感可怎么受？正如无限是无限个有限的连接，多维之每一维都是面对无限，惟无限面对有限。串维的事很少发生。一旦发生，人即称之为"成仙""得道""特异功能"，并沾沾然以为一限既破，无限料必可及。

10. 好吧，就算对立永恒，但对立不可能是这样吗：张三你在此岸，李四我（先甭管用什么妙法）去了彼岸？

我看还是不可能。要是李四说他到达了更多自由的境界（他维），我还信，但他要是说到了彼岸，我就没法儿信。彼岸一到，莫说"彼岸"已成此岸，只问：这"彼岸"可还有没有彼岸？倘其没有，就又归零。——我猜，其实这零，绝死也是可以归的，绝傻也是可以到的。

我猜，灭绝一端，甚至神也不能。比如，神若失去人的追求，就很像人失去狗的跟随。又比如，人为狗主，神为人主（我主）。又比如，狗跟随着主人跑，正如神指引人的道路。又比如狗虽然追着人跑，只是看重人给的一些好处，只是看人活得比它富足，却看不见人的无限追求，以为人的日子真是极乐，所以，人若也只是贪图着神给些好处，而不把神看作是一条无限的善路，神也就成了人（中国的神多是如此，造人为神的勾当亦多是这样的思路），人呢，看不见无限也就成了狗。

11. 所以，这类信仰，多是信一处实际的、终点性的天堂——当然可以设想它是在来世，或另维。而另一种信仰，把神看作是人不可企及的善好境界，则一定是看清了"无极即太极"，所以相信神不在终点，而在无极的道路上。

《圣经》上说，"看不见而信的人有福了"。无极的路是看不见头的。看不见，才谈得上信（信仰或信心）。到达了，是实得（当然是得种种好处），不是信。实得不是因信称义，是因利称福，故有贪污犯们铁"信"。说看见了头的，是期望并欣喜于实得之可及（如各类教主的许诺），当然也非"信"之本义，是物利尚未实得，同志仍需努力。所以中国信仰多是无实利则不信的。所以，以实际的到达为信仰的依据，一开始就走了板，不过是贪欲的变相，或"升华"。

12. 不过，说来说去这一切还不都是人说？还不都是拘于三、四维之人类的逻辑？而另外的存在，又岂是人维可以说得明白、想得透彻的？以三、四维之人心人智，度无限之神思神在，岂不像"子非鱼，安知鱼之乐"？

这样说，当然了，我一定理屈词穷。但是，这样说，实在是等于什么都没说，等于什么都不能说，等于什么都可以说，或怎么说都行。怎么说都行的东西不如不说。怎么说都行的东西，最可能孕育霸道——怎么摆布你怎么是。比如，跟着怎么说都行的教主或领袖走，他说什么是什么，你还不能辩。这让我想起某些气功师的治病，治好了，证明他的伟大；治不好，证明你还没有完全相信他的伟大；治死了怎么说？说你已经在他伟大的指引下圆满去了。这可能是中国信仰的沉疴痼疾。

"信仰"二字，意味着非理性，但不是无理性。无理性就是怎么说都行。非理性是指理性的不可及处。恰恰是理性的欲及而不及，使人听见绝对的命令，比如生的权利就不需要证明，还比如追求幸福的权利，天道当然也不需要证明。但，倘若谁说"跟我走，就到天堂"，那你得拿出证明，拿不出来就是诈骗。

13. 总而言之，我是想说："到达"式的天堂观，是中国式信仰的无理性基础，故易生贪、争、贿赂与霸道。"道路"式的天堂观，无始无终地行走与眺望，想当然就会倾向于真善美，相信爱才是意义。

再有，人不可以说的，不知道谁可以说。神可以说吗？可自古至今哪一条神说不由人传？想来只一条：有限与无限的对立，残缺如人与圆满如神的永恒距离。惟此一条是原版的神说，因其无需人传，传也是它，不传也是它。绝对的命令就听见了。

14. 有个问题总想不透：基督教认为"人与神有着绝对的距离"，而佛教相信"人皆可以成佛"——这两种完全相悖的态度难道是偶然？曾有朋友跟我说，基督信仰者很可能目睹过天外智能的降临，所以《圣经》中的神从不具人形，只是西奈山上的一团光耀。今天你又跟我说佛家、道家很可能也是亲历过那种神奇状态。两种猜想都很美妙，或也都确实。因而现在我想：说不定这正是东西方文化之所以截然不同的根源。由于"对初始原因的敏感依赖"，演变至今，便有了如此巨大的差别：一个以"道路"为天堂，一个以"实得"为善果。

15. 这两天再看《西藏生死之书》，其中的"中阴"呀，"地光明"呀，确实跟你说的那种感受一样。所以我对我以上的想法也有怀疑，很可能如你所说，我们在人的位置上是永远不可能理解那种状态的。但我又发现：所有那些感觉或处境，还都是相对着人的感觉或处境而言的（或而有的）。所以我总想象不出：一种感觉，若不相对着另一种感觉，怎么能成为一种感觉？或一种处境，若不相对着另一种处境，你将怎样描画（或界定）这种处境？换句话说：我不能想象一种无边无际的感觉怎么能够还在感觉中，或一种无边无际的处境，怎么还可以认定是一种处境？无论是"言说使人存在"，还是"痛苦使人存在"，其实说的都是：有限使人存在，有限使无限存在，或对立使存在成为可能。

有兴趣，再聊。我这人好较真儿，别在意。于此残身熬过半百，不由得对下场考虑多些。

祝

尽量地好！

史铁生

2003年6月25日

【小记】数天前赴一聚会，到会者：张洁❶、余韶文❷、赵为民❸、王朔、姜文❹、李健鸣、海岩❺、希米与我。王朔先说起一些

---

❶ 张洁：友人，作家。——编者注
❷ 余韶文：友人，时任《北京青年报》文化版主编。——编者注
❸ 赵为民：友人，时任《中国青年报》编辑部副主任。——编者注
❹ 姜文：友人，导演。——编者注
❺ 海岩：友人，作家，企业家，编剧，导演。——编者注

神秘经历，有些事我与他各执一词互相不能说服，归来成此信。

之二

王朔：好！

信和经都收到了，经真是译得妙。

看来是我有点弄拧了，没明白你原本是想说什么。死的事其实都是猜测，所以怎么猜都不能说错。在无限可猜的状态中信其一种为真，因此活得踏实，生与死都有谱了，说真的就行了。所谓乐观不可能再是别的。所以我同意你说的——"死，实在是件很私密的事"。再说多少也一样，终归是猜测，是信不信的问题。要是那天我没把你的意思南辕北辙想远了，说到这儿应该就完了，话到"私密"其实当下就结束了。信，在任何一步猜想上停下来都是正当，只要自洽就没毛病。

当然，愿意多想的话还是有些另外的角度值得玩味，意图不过是：进一步，退一步，或者变个角度猜，是否还可以信？既是"连金刚那样坚固都能破开"，想必也是经历了种种刁问的。

说起这类事，我容易招人烦，七七八八又想到不少。先说这些，表明我对"私密"的赞成和维护，绝非那类要求统一的人。然后，更多的话，有兴趣再慢慢说。

铁生

2003年7月11日

以上几天前写。还有些另外的想法，干脆一块儿都传给你吧。

理论（或理性）一词，已然有许多歧义。比如，一种是说某种固定的思维模式、框架。这有时就难免不切实际（但这不是它的错，是它的限）。另一种是说逻辑。白天说话，这是逃脱不了的。还有一种其实是说思想。"思想"一词被伟人们炒玄了，说白了就是思虑和猜想，或者是对猜想的思虑——就算庸人自扰吧，也还是希望那猜想自己看着先可信。

我好些年没看佛经了。现在看这本《北京话金刚经》，跟我读那本古文时所得印象接近。"大明白人"说来说去，我总结就一句话：别把什么事儿真当个事儿（顶多民之生计能算个事儿），踏踏实实该怎么活着怎么活着甭老胡思乱想，早晚我带你们走出生命那福气可就大了，大得你们没法儿想。——不知我这体会有无大错？早年我读到这儿就一愣：这不是树吗！那还是说活着，死了呢，不就是石头吗！往大里说，不就是山嘛！再不够，就是天、是地！总之，不就是无知无觉嘛（佛认为是大觉）！现在我还是摆脱不了这一读后感。实在，我真是想有谁能帮我摆脱，或干脆告诉我：你就是那种压根儿摆脱不了——难觉难悟——的人！那我也就死心了，踏踏实实把事儿还当个事儿去，保证还不能嫉妒别人把事儿不当个事儿。

我的倾向已经大白。我说过我这人好较真儿，现在又来了。不开玩笑，我真是怕你不耐烦。烦了，下面的你就不看，放心，没事。

你说耶稣有点吹牛逼，可我倒是觉着佛的话才真是大。是佛把人的愿望归总成无苦而极乐，然后说："行嘞，听我的，这事儿我就给你们办了！"而耶稣说的是："想一点儿麻烦都没有吗？这事儿我办不了（办得了他也不至于上十字架了），我只能给你们指条道儿。"——这样的话当然佛经和圣经里都没有，但从佛祖得其不坏之金身和耶稣惟落得一个横死看，这话也就隐含着都说了。

223

有个真实故事：某东人笑某西人，"你们那神就差着份儿呢，连自己儿子的事都管不了！"

刘小枫有篇文章，或可消除人们对耶稣及上帝的错解。奥斯维辛之后，人们发现很多死囚写下的祈求，比如："主啊，我不要求你别的，只求你让我死在外面的阳光下吧！"可就连这样的祈求主也未予应答。那么上帝，你到底算什么东西？文章说：事实是，基督的神不同于原始诸神，说白了，他不是那种万能的、有求必应的神。相反，基督的神是苦弱的神，除了派他的儿子与这苦难之世同在从而倡导一个爱字之外，他也没别的辙。

可佛的话我老是听着玄。他说你跟着我走我就带你去极乐去圆满，可极乐啥样他不说，为啥能那样他也不说。可能是人不该问。问题是，他要只是说"听我的不得了，老这么问东问西的咱这事儿可就瞎了"……当然佛肯定全是好意，那我也嘀咕：这法子不会被贼人利用吗？

你说"中国民间的迷信把佛糟蹋得不成样子"，是否跟这法子给他们留了空有关？若信"人和神有永恒的距离"，愚昧崇拜就会少得多。人不崇拜人，问题就不大。人崇拜自然，崇拜最初的那个"有生于无"和"三生万物"有什么不好？

耶稣和摩西都不是神，顶多算个领头的。基督的神从无人格，完全可以把他理解成创造之始，存在之初（如宇宙大爆炸）。而在这不由分说的创造中，隐含着无穷的可能，无穷的处境与道路，并不对人类有特殊的优惠（比如无苦而极乐）。但是，如果你能从这无穷的可能中听见某种可能，认出某条道路，你就能在这不由分说的处境中不再惊慌，不再抱怨，享受爱意（中国人老说爱是奉献，其实爱才是享受）。所以耶稣和摩西等人的跪拜，在我看，一是对这不由分说的处境心存敬畏，一是为那爱意之福的可能心存感激，一是对寻找那条道路抱着虔诚与思虑。

你说佛也是指了一条路，这我当然赞成。不过，我赞成不是说我认为佛（或佛徒们）底根儿就这意思，而是说我赞成这样去理解（前信我说过，但愿"成佛"二字是进行态而非完成时）。有一条路是为了取，有一条路是为了行。显然，有头的路是指向取，没头的路你只好去行。以行为取，随时随地，一路贯穿。到终点去取的，半道上钩心斗角就属正常。路一有头，心就都放在头上了。再说了，有头的路还算是路吗？到了头怎么办？所以我看佛还不是指的路，还是指的果。当然佛也是多次强调行的，那么，这个果的引诱也许是更高一招儿的考验？

还有，路上的享受——爱意之福惟靠人行——都是明说的，而终点的福气一向还是个谜，得到头儿再看。有件事我常不解：科学干出了那么多神奇的事可人们不说它神奇，气功之类稍显手段人们就要崇拜，到底比事儿呢还是比招儿？是比招儿，弄不明白的事儿最抓人。尤其这弄不明白的事儿要是有个人连自己都不知道怎么就办到了（比如猛不丁就蹿到另一维去了），他说什么大伙儿就容易信什么了。中国人尤重眼见为实。其实呢，他能办到的也不过九牛一毛，剩下的毛他也找不着，这人们就不计较。但凡全能和宣称全能的，我都听着邪乎。

什么是神？把守着，甚至是炫耀着神秘之门的是一种，这一种不大可能不要人去信仰，去崇拜——各类坛主，各类造人为神的事，多属此种。明说了，光得好儿的地方这儿没有，这儿只有走不完的路，走不完的路上能不能有享不完的福那得瞧你自个儿的——这样冷冰冰不近人情的神，我看倒像没别的企图。

神，没有统一的定义，所以"有神论"和"无神论"都得看他到底怎么回事。

我可能又有点离谱儿了。咱还是说对死后的猜测吧。

其实人活着活着忽然见着死了，都会有个猜想。很多人不过是怕，一天天地拖着不想。一想，就得用理智了，要么用感情（比如一厢情愿）。我曾经就是一厢情愿，这儿那儿全身像似没好地方了，我想不如死吧，死了就什么痛苦都没了（想死的人恐怕都这么想）。然后因为点别的事耽搁了，一下没死成，有工夫就又想：什么痛苦都没了是什么样呢？真是笨，想了好些年，有天终于眼前头蹦出句话：什么痛苦都没了，除非是什么都没了呗。是呀，要使痛苦无从产生，最可信可靠的办法就是什么都别让它有！我先是窃喜，紧跟着沮丧：咳，想了半天不就是小时候大人告诉我的那句话吗？——死了，就什么都没有了。

可什么都没有了，既让人不痛快，又让人想不通。就像你说的："目前的迹象很乐观，我们死后还会以另一种方式存在。"对呀，还会存在，所以乐观。要是什么都没有了呢？当然也就什么都甭说了。所以我想，必须得把未来猜在有上！什么都可以没有，"有"却不能没有！先得让它有，一切事才好说，一切美好之物才能成立——老子真是说对了！可是这么一来，就不大好想象光有快乐没有痛苦是怎么个状态了，就算那不是人，是神，也还是说服不了谁。

当然我们可以谁也不说服，谁爱信不信。所以剩下的还是一个猜想。这猜想恐怕就要永恒了。但猜想是正当的。但猜想又是无限的。就是说：谁，怎么猜，都行。为自己猜多半是猜天堂，即那无苦而极乐之地。为别人（比如坏人）猜，地狱就诞生了。为自己猜而猜成地狱的，就有点不凡（"我不下地狱谁下地狱?"）。为别人猜也都猜成天堂的，更是菩萨心肠（普度众生）。但有一点是一样的，这猜的根据还在人间，比如痛苦，比如快乐，当然跑不出去还是人的经验。又因为，谁也不知天堂什么样，那一种存在是像孩子那样地惊喜，还是像老人那样终于也看出破绽？所以猜测也就有了无限的自由——谁怎么猜都行，怎么信都对。

所以猜想都是正当的，信（不说仰）是自足的，用不着科学来鉴定，更用不着理论来说三道四。明显的一个理由是：信是自足的，理论却不是，科学却要证明，而一旦证明起来谁也靠不了谱。明摆着：灵魂之在以及怎样在，压根儿不可证实与证伪。所以有这么一句话等着你就够了：你说到哪儿去也还是人的思与想，而那儿——死后状态——完全是人的思与想所不及的。

所以这种事只能是私密的猜想，说给人听也还是私密的猜想，甭想谋取公认。

不过，我倒觉着多想想也不坏。要是天堂肯定就在那边儿等着，多想想也不至于就丢了。要是本来没那么码事儿呢，礼多人不怪，多几手准备也好。

我生来是个缺乏自信的人，手拿把攥的事儿常还是担心。比如说，天堂是一种猜测，地狱也是一种猜测，二者等值，没理由说哪个胜过哪个。万一哥们儿不幸错过了天堂可咋办？有备无患，此生我就像是走错了地儿，下回再不敢莽撞。就算天堂是一定的，多个心眼儿也没什么不好，顶多瞎操心呗。

要是不幸你真看到了这儿，那就当是一块儿吃了顿饭吧，没找好地儿，又贵又不好。下回咱吃别的。祝一家子都好！

铁生

2003年7月15日

给孙立哲

之一

立哲：

  我们那天的讨论，阴差阳错地离开了一个很好的角度，即你所说的：边界。

  这个"边界"，顺理成章地应该导致这样一个结论：我（们）只可能谈论我（们）所能够感知的世界，但当我们谈论生死的时候，我们却习惯地预置了一个（我）们所不能感知的世界——即（我）们生前的世界，和我（们）死后的世界。

  问题当然还没有完。但越出"边界"的谈论明显是一种错误。也就是说：这个问题应该限定在那条"边界"之内来谈论——或许这样才能引出有益（或有效）的结果。

铁生

2005年5月7日

之二

立哲：

1. 我说"越出'边界'的谈论明显是一种错误"，是指：用逻辑的（科学的、实证的）方法谈论"边界"以外，或期待"边界"以外的清晰，明显是不会有结果的。原因简单：逻辑，不过是宇宙之无限可能性中的一种。

但并不是说就没有谈论它的另种可能，比如用猜想，即你说的"类比"和"感悟"。也并不是说这样的谈论就毫无意义，其意义恰恰在于触到了"边界"，以及这"边界"将为"感悟"提供怎样的"启示"。

2. 其实那天你还说了一句很有深意的话，即：没有谁能够找到无限。换句话说就是：没有任何存在可以抵达（或就是）无限。再换句话说：存在即有限。再换句话说：无限即不存在。再换句话说：无限的存在，恰是因为有限的反衬（比照和猜想），否则它无声无息，无从存在。

因而，无限并不独立（或客观）地确有，而是相对于有限而在。

3. 当然我们可以设想，无限以无限多的状态客观地存在着，但结果注定还是迷茫。这迷茫导致两种可能：一种是为这迷茫中的生命寻找意义，另一种则利用这神秘来打造——说到底还是俗世的——权力。所以，种种信仰看似千差万别，实际无外乎两种取向：期求权力的，多半是以许诺一个可及的天堂（用你的话就是"上帝有了边儿"）为特征；而期求拯救的，则看重这一条无极之路上的爱愿。

4. 拯救，何以偏偏要倚重爱，而非恨，也非其他呢？这问题曾让我迷惑很久。现在我这样想：惟爱愿可以顺应无限，或体现无限；爱，必意味着朝向他者的寻找与连接，乃至使一条无限之路趋于有序，即充满快慰或欢愉。而恨，则意味着断裂和封闭，从而导致无序和毁灭。而其他，不管什么，除非利于爱愿，其实都是白搭；比如阿波罗登月，其意义，恰在于证明了科学之于人生意义的无效——即无论科学发达到什么程度，人生的谜题都不因之而有所改变。

5. 当然，一切有限系统都难免耗散殆尽（收敛），终将走向无序和毁灭。人类的理性和爱愿自然也不例外。这就必然地提出了你说的问题：爱和向善的内部意义和外部意义各是什么？假定其内部意义已属确然，问题便只是它的永恒性了。这问题稍后再说。

6. 语言总是包藏许多暗示。"没有谁能够找到无限"暗示了：必须有谁在找，无限方可显露其不可以被找到的属性。而"设想无限的存在"则暗示了：惟当有人在设，在想，否则它根本就不发散任何信息。所以，一切讨论无限的尝试，无不先自暗示了一个前提：有限之物，或有限之观察点的先在。

7. 时间最是一个谜团。但时间肯定是宇宙的一种客观特性吗？我倒以为，说它是人的一种主观特性更为确切。或者说，它是宇宙的无限可能之中所包含的，所诞生的，（由人所体现的）一种可能与一种限制。每一种可能，同时都是一种限制，此即"维"也。就是说：是人生的矢量性质，使宇宙有了时间。而在上帝眼中，则未必如此（即你所说的弥漫或密度体系）。

8. 据说在宇宙被创造的瞬间，便诞生了无限的可能（无限之维）。所以，没有时间，或有着另样的时间的存在，都是创世神的事，这类事件只给人以限定——限定在此一时空之维，并不向人敞开他的缘由，所以也不要向他要求意义。而启示神是有时间的，他来到此一时空之维与人共历同样的困苦，即所谓"道成肉身"吧。——你可以把这想象成是一种思悟的降临，向无奈中的众生要求意义。

这便又提出一个问题：如何证明神的存在？

回答之一：既有被创造物，顺理成章就应该有个创造者，此即创世之神——且先不管他叫"上帝"还是叫"大爆炸"。

回答之二：既处于无奈，又要求着意义，启示之神便应运而生——他不用逻辑说服你，他用逻辑的无能来说服你，故曰"启示"。他强行地，要一种看不穿"边界"、看不见终极的生命，必须接受一种终极价值——具体是什么另当别论。但凡智力健全者，都必然地会在那"边界"上为自己树立一种信念——这便是启示神的作为。

9. 回过头来再说爱愿。设若前述理解不错，时间确是由人所体现的宇宙性质之一，那就不能以一概全，以时间概念去猜想"外部"。前面说过了：无限之所以在，必以有限的比衬为前提。那么就是说，大凡无限得以显现处，必有有限在那儿猜想，否则无限就会压缩为零（或大爆炸之前的奇点）。那么是不是说，"外部"只要存在，便必有其——类似于时间的——过程在展开，便必有其——作为比衬的——有限系统存在？这有限系统不叫人也行，但总之是一种生命。我猜：生命并不是蛋白质的专利，生命可有其各式的形式与基质。

好了，"外部"要么没有，要么就仍然是有限与无限的对峙。倘是后者，是有限感知与无限未知的永恒对峙，"轮回"或"灵魂的延续"等等是否就已得到证明？——当然还是猜想。

10. 再说"内部意义"。事实上我们也只能探讨"内部意义"。其实这"内部意义"的优劣，刚才已经说过了。再想强调的是：爱，必须首先是一种个体信奉，否则会导致思想的捆绑，精神价值一旦公有，结果难免又是专制。但是，爱，又必然是以关注他者为特征、为己任的，自我封闭和拒斥他者恰恰是恨的根源。——这是另一种问题了，很大的问题，科学、哲学最终都要落实其中的问题。

11. 说点另外的想法：我总以为，未来的科学（尤其是物理等等）必要引入心理参数，即观察或观察点。其实"相对论"已然表明了这一点。现代物理学（比如"量子力学"和"测不准原理"）似乎也已证明，失去观察的所谓"本质"，很可能是一种虚妄。因而我想：所谓永恒，即是有限与无限的永恒比衬，即是观察与被观察的永恒对峙，即是"我"与他者的永恒共存。

倘其真若如此，死是什么呢？

铁生
2005年5月19日

之三
——手机短信四则

一

今天才发现你发在彩信中的小悦谈善与利的短信。正如政教要分离一样，善与利也非一个层面的事；前者是信仰，不能以政

（法）来管束它，要求它，尤其是拔高它（×××就是又要管吃喝拉撒，又要管人想什么）；后者是政治，是法律，是大家都要遵守的底线，要人人都有饭吃，却不可要求人人都是雷锋。善利不分清，一切都乱套。前一段我们谈的多在信仰层面，故而抑利扬善。我想，哲（学）的工作就是分层的工作；然后协助信仰分出好与不好，协助政治分出可行与不可行。

二

总而言之，统而言之：三分气在千般难，一旦无常万事休。

但关键的问题是："无"是无的，因而"有"或"在"是绝对的（这也是尼采"永恒复返"的证明），而存在必赖于"观"（现代物理学高手都肯定这一点），于是人必须要有应对苦难的办法，而非逃脱（在即苦，逃脱无效），我想这就是宗教的理由与效用。

三

依我拙见，持无神论的高人都是不自觉或潜在的有神论者。说白了，所谓神，无非两个名字：一叫神秘，一叫精神。前者即那个无限到人不可尽知的在；说他在，是因为他并不因为我们弄不清他，他也就不给我们小鞋穿。这是创世神，他工作繁忙，不以小小的人类为意，即"天地不仁，以万物为刍狗"是也。而后者叫救世神，即在绝对困境中为人指明方向的那一位（随便你叫他什么吧）。当然你也可以说，这是有理性就足够了，比如立哲讲的那个虏囚的两难问题。再比如，法律的合法性根源在哪儿？亦即谁有权判定法律的终极对错？只有问神。但神在哪儿呢？神有时候是人（专制就快了），有时候是人道或人性。人道或人性是天给的，所以他"自然正确"。另外，人为什么要活着？因为人生来不想死。为什么要干事？人生来有愿景。为什么要爱？爱比恨更利于人类的生存。如是等等都是神说，不可人定。这便是法和一切规则的终极根据。可是，以上不是人在说吗？不，人说不说也是那么回事，所以叫谛听神谕。所以基督说"看不见而信的人有福了"，所以见了实体的佛形同见了魔。另外还有两种"神"，一个（是）久已有之的"灵体"，如特异功能，但那更可归为潜科学。另一种正在兴起，但不叫他神，而是叫"智能设计者"，意即：人是更高智能的造物。

四

即便人果真是更高智能的造物，我还是相信上述对信仰的理解。这就像戏剧，你明知剧本是怎么写的，也还是要当真，要入戏。因为戏中之问还是要你来回答。所以我认为没有思想的艺术只能算技术。倘有一天"智能设计论"被证实了，问题也还是一样：谁制造了他们呢？就此打住。累死我了。

2009年

给陈朗[1]

陈朗：你好！

你信中说，"有几个兄弟说基督教的神比佛教或其他宗教的都好"，而我常听到的却是"佛教比基督教更究竟"。可见大家都感到了二者的差别。我不知道他们认为那差别是什么，但既有差别，大致就是两种：一是境界之高低，一是侧重之不同。

宗教，完全等于信仰吗？是的话，我们就失去了判断和皈依（某宗教）的根据。人们是根据信仰来建立宗教的呢，还是相反？我想是信仰在先。信仰的缘由，是生命固有的谜团；于这谜团之下，求问一条人生道路（或意义）的欲望，使信仰不可避免地诞生。这也正是人——不管自称是有神论，还是无神论——终不能逃脱终极之问与信仰的原因。而后才有了种种宗教。

那么，信仰是否也可以比较个高低呢？还是说，大凡自称是信仰的，就都在同样境界？倘若无须比较，或事实上也没有人去比较

---

❶ 陈朗：友人之女，耶鲁大学博士。——编者注

的话，那不仅我们的讨论形同废话，就连你所说的"发展""演变"和"产生一改革家，使之焕然一新"也不可能。而信仰之高低的比较，或发展与演变的可能，恰已暗示了更高境界的存在。当然，更高者也未必就能涵盖一切，但它毕竟是更高。

如果我们的讨论（以及自古不断地对神性的思问）不是废话，那又证明了理性的必要。事实上，一俟问到高低，我们就已然被挤到理性这条路上来了。

关于理性，我是这么看：理性是人的能耐，但人无论有多大能耐也是有限，而那生就的谜团是无限，所以理性永远不能代替信仰（所以把科学当成终极价值是现代性荒唐）。理性不能是信仰，但却可以是，甚至有必要是通向信仰的途径。在理性触到了理性的盲域，才是信仰诞生之时。相反，单是跟随了教义和教会的信仰，也可能有幸，也可能有祸——倘那是人造的偶像呢？我相信，耶稣与新约的诞生，一定有着希腊精神的功劳。此前的信仰（不论哪国哪族哪宗），都更倾向着神赐的福利——这大概是原始宗教的普遍特点，惟在此后，十字架上的启示才更强调了精神的皈依，或以爱称义。

你说，"机缘一到，绝不可因为没有理性根据而拒绝"。我这样理解你的意思：绝不可因为某种信仰是非理性的，而拒绝它。——当然，信仰所以是信仰，就在于它是非理性的，原因是：那谜团所指向的无限，无限地超出了理性的所能。但是我想，真正的信仰又绝不是无理性的。或者说，通向非理性的信仰之路，但愿不要是无理性的。为什么？这样说吧：理性绝不可以是信仰，但无理性却可能导致迷狂。是理性（而不是无理性）看到了理性的无能，看到了人智的有限，这才可能放弃了人智的傲慢，转而仰望和谛听神的声音。不经理性之如此的寻找与自我扬弃，甭说拒绝，先问：人是怎样接受或皈依了某种宗教的呢？只凭机缘？那么无理性的狂热是否也有机缘？机缘就像运气，还是那句话：也可能有幸，也可能有祸。尤其现今之人，都是亚当和夏娃的子孙，要想把"知识树的果子"吐个干净，真是万难。所以，仅凭机缘，于今日就显得更加凶多吉少。

凭什么说，十字架上的启示才更强调了精神或爱的皈依？最简单的理由有两点：（1）自称法力无边，并许诺一个无苦无忧的福乐世界的神明，首先未必诚实（后面会说到理由），其次还像似迎合着人欲。此类信奉的突出问题是：很容易使人滑向逃避苦难、单求福乐的心态。可这还能算是信仰吗？科学以及诸多主义，不都是在这样自称和许诺吗？信仰的要义，我以为是：在永恒的疑难中为精神确立一条道路，或在困苦频频的人生路上为灵魂坚定一种方向。（2）再看十字架上的耶稣启示了什么吧。很明显，他没有，也不可能有无边的法力——否则他何至落一个横死？所以，他所有的，也就只可能是一份心愿了。就是说，他自认不能给人一个无苦无忧的福乐世界，他只能到这苦难的人间来，提醒人至死也要保全的一份心愿。这心愿除了是爱还能是什么？这心愿不像任何福利是可以给予的，这心愿只能靠启示，信与不信则是人的事了——这也正是他的苦（苦心承担）与弱（绝非法力无边）的原因吧。所以，这样的信仰并不看重神迹，而强调因爱称义。

但《圣经》上的主好像也是法力无边的（如《约伯记》），这怎么说？值得回味的是，这位神并不对约伯许诺什么，虽然后来他成全了约伯的什么和什么。事实上，这位神并不是救世主，而仅仅是造物主，他给约伯的回答总结起来只是一句话：我创造世界的时候你在哪儿？这明显是说：我创造我的世界，可不是为了照看你的事。也就是在这样的回答中，约伯听见了另一种声音——救世主的声音。

这就说到了两位神，或神的两面：造物主（或创世神），救世主（或启示神）。前者不仅是命运强加给你的，而且必是高高在上、冷漠无情的；而后者的降临则要靠人去仰望，去谛听，你若听不见，他就不在。对于单纯埋头寻食或直视物利的生命，他从来就没有诞生，所以说"看不见而信的人有福了"。也只有"看不见而信的人"能够听见那救世的声音。"看不见而信"这话颇有意味：他不许诺看得见、摸得着的福利，他只启示着看不见、摸不着的那一份心愿。

至于这位救世主后来成全了约伯的什么和什么，那是说：信心，终可以成全你的什么和什么。真的吗？真的因为我信他，他就能终于让我幸福吗？真的。因为，如果你伸手向他要福利，或要一份命运的公平，那你就还是听到救世之音以前的那个约伯，就还是在跟造物主理论，这既是认错了家门，当然也就不叫信心。但如果你听明白了，能够救人的不是那个冷漠无情的造物主，而是要把百折不挠的爱愿注入人心的那个救世主，幸福才可能成真。说白了，这位救世主的救世方针并不是要全面满足人欲，而是要扭转人的幸福观——从物利转向爱愿，从目的转向道路。惟当这扭转完成，救赎才是可能。所谓"基督之外无救恩"，我想指的就是这个，并非说基督教之外无救恩，而是说在这样的扭转之外，人无从得救。

这便谈到了善。所谓善，未必仅仅是指做好事。约伯也没做坏事，所以当厄运临头时他感到委屈，埋怨着上帝（还是那位造物主！）不公。利他，做好事，当然是善，但善好像不止于此。那句老话还是说得对："难的是一辈子做好事。"一辈子呀！这么漫长的路上，谁能保证不会碰上不公与厄运？碰上了，甚至碰得好惨，是否还以神的爱愿为信？还信的，才算听见了救世主的声音——圣灵也才因之而降临。所谓信心，指的就是这个吧。这恐怕不是单靠本性可以达成的。约伯当初的委屈和埋怨，倒更像似人的本性。

其实，"人性"和"神性"二词，已然给出了明确的划分：人性是有限的是残缺的，此即"罪"也。"罪"与"恶"不同，恶是人为，罪（有限或残缺）是那个造物主给的。而神性，一方面是指造物主的冷漠无情你得接受，一方面是说救世主的完美无缺，或他对人的从善从美的要求。从哪方面讲，人性都是不够的。所以才要信仰。换一个角度想：人怎么能信仰人性呢？人怎么能信仰自己（的性质）呢？人要朝向无限远大的尽善尽美，那才叫信仰！所以，我倾向这样的信仰：人与神有着永恒的距离，因而向神之路是一条朝向尽善尽美的恒途。

"人性善"与"人性恶"，我更倾向后者。但不是说，我就不信人性中埋藏着善的种子。而是说，倘若只靠一份向善的人性基因，而没有智慧的神性之光照耀，那一点善的趋势，很容易就被高涨着的物欲所淹没，被丰收着的"知识树的果实"所蒙骗。唉唉，时至今日虽不敢说靡菲斯特已经赢了，但是悬。

再说另一种许诺了消灾避祸，甚至万事亨通，并在终点上预置了福利双赢的信奉吧。那叫什么？那叫"看得见才信"。我想，信仰通常就是在这儿迷失的，从此一步步走进了"人定胜天"。科学呀，政治呀，经济呀，当然都是必要、必要又必要的，但有一点：那都是看得见而可信的领域。但生命的根本困境，或人生的巨大谜团是在于：我们以看得见的有限，受困于看不见的无限。我常想，如今这人间就像一个巨大的实验室加厂房，它最终的产品究竟是什么呢？总不至于大家奋斗了一场，富裕了一场就算完吧？所以，在这看得见的实验室和厂房之外，在这看得见的物质收获与享受之外，人一直还在眺望，还在猜想，还在询问生命的意义，这才有了艺术、文学、哲学……我顽固地以为这些行当的本分，就是要追问那看不见的、无限之在的意图。偏偏最近我听一位大导演说："如果大家总是向我们苛求艺术，电影就无望成长为工业了。"于是我就又多了一份疑问：这人间，可还有什么是不要成为工业的或不以成为工业为荣的事吗？理发？

240

　　说到这儿，不妨先说说国家、民族、地地域域和宗宗派派。在我想，宗教或还与此有些纠缠，而信仰却是（或应该是）决然地与此无关的。信仰，是人与神的私自联络，不是哪一国、族、宗的专利（这又是它不同于宗教并高于宗教的地方）。原因是，那谜团乃人生的谜团，国不过是它N次方的曾孙。国界，更不过是那谜团之外又添的一项人乱——连造物主都看它不是亲生，怎倒混来救世主麾下充数？所以，若讨论信仰，就不必太顾忌"政治正确"。何况，"政教分离"久已有之。谁敢说哪国哪族不是"伟大、勤劳和勇敢的"吗？都是，那就免了这句客套吧。然后再来讨论另一种对谁来说都是的困境：生而固有的谜团！

　　好像还是得再说说"政治正确"。所谓种种信仰和文化的平等，是指什么？是指：法律承认一切信仰的权利，一视同仁地保护各门各宗的不受侵犯，而并非是说它们在信仰的境界上统统一般高。或者这样说吧：诸信仰是不是一般高，法律管不着，法律只管谁犯不犯法。或者再这样说：不管谁信什么，一样都是合法的；不管谁不让谁信什么，一样都是犯法的；犯法的，法律取消它，而这样的取消是不犯法的。最重要的，也是最容易被忽视的是：这种对多元信仰的平等保护，恰恰明说了信仰与信仰（以及文化与文化，宗宗与派派）并不都是一样的。正因其不一样，不尽一样，甚或很不一样，大家才明智地商定了一份规则，而后共同遵守——即我不赞成你的信，但我维护你信的自由权。文化人的争吵，常在这儿乱了层面，甲强调着的"平等"是指法权，乙强调着的"不一样"是说信念。

讨论问题，最要紧的是别错了层面。一层一层分清楚说，所以叫分析。否则难免是你说你的，我说我的，结果会闹得很情绪化。

事实上，我们无时无刻不在用着理性，虽然理性不等于信仰。我常想对"理性"一词做个界定，又苦于学问不够。我不知英文中这个词有几种意思。我以为，中文的"理性"至少有三种意思：一是说善于思考；二是说乐守成规；三是说善于压抑情感。我所取用的，都是第一种。

"'没有惟一的真理'才是惟一的真理"，这话容易引起混乱，让人不知所从。原因是，这话中的两个"真理"并不在同一层面。比如说吧，"人有生存权"是一层面，"人有选择不同生存方式的权利"是在另一层面。当我们讨论何为真理，何为谬误之时，必当事先限定层面，即在同一层面的二元对立中做出判断。比如，"人有生存权"与"人无生存权"相对应，"人有选择不同生活方式的权利"与"人无选择不同生活方式的权利"相对应。真理所以不是惟一的，是因为并不只有惟一的问题，而同一层面的问题，至少不能出现两种完全悖反的真理。

错着层面的讨论，结果会是什么呢？结果是对=错，或谁说什么是真理什么就是真理（反正是"子非鱼"）。然后呢？然后大家若都是君子，便自说自话，老死难相往来。要么就都小家子气，耿耿于怀，积攒起相互的憎恨。再就都是强人，科学又发达，那就弄点原子弹出来看看谁是真理吧！其实先人明白，早看出这结果大不美妙，故在诸多纷争面前商讨出一套规则，令大家和平共处。

这就又说到了法律。法律的根据是什么呢？凭什么它是如此（比如维护自由），而非如彼（……）？料其背后必有着某种信仰的支持，先不说它是什么，但它必得是惟一的。否则岂不还得弄出个法律的法律来？

但这支持着法律的信仰或惟一真理，是不是最高真理呢？就法律——使游戏得以开展，生活得以行进，生命有其保障，社会安定繁荣——而言，它当然是最高。但比如说，就道德而言，法律却是底线。就是说，道德完全可以比法律所强制的境界更高，但无论它有多么高，在现实生活中也得遵守法律这一条底线，不可以己之高，强人之低。

但"不可以己之高，强人之低"这话，又有以下几点暗示或引申：（1）道德的高低之别，是确在的事实。（2）道德底线（法律）是要全民遵守的；而道德高端却不可能是全民公认的，故不可强制推行。（3）但法律并非是一成不变的，其进步或完善又靠的是什么呢？靠的是道德高端（而非底线）所引领下的道德水平之普遍升华。（4）因而，道德（信仰、宗教、理想等等）之高低的探讨是有意义的。

自由主义的一大难题是，给不给反自由者以自由？精英主义的一大难题是，谁来确定精英？我想这很可能是个永恒的疑难，未必能够一劳永逸。或许，正是对诸如此类疑难的永恒求问，才是此类疑难的价值所在，才是使信仰、道德和法律可以不断升华和完善的根据。

　　我只是想：问、问、问……到最后，不能再问的是什么？这时候，才涉及最高真理。比如人不想被杀害，不想被剥夺，对此谁还能再问为什么吗？再比如，人渴望自由，渴望幸福，渴望爱、善、美……这些都是不能再问为什么的。所以这就是神的终极回答，是不可置疑的命令。同时，自由主义的症结也就看得清楚了：忽视了神的声音，将人智当成了终极判断——比如你有你的真理，我有我的真理，从来就没有什么惟一或最高。

　　我只是想：答、答、答……到最后，不能再答的是什么？比如艺术是什么？你可以问，你真的可以答吗？再比如爱是什么？幸福是什么？自由是什么……谁能给出一个标准答案？是呀，那仍然是神的声音，是神的永恒提问。也许，只有当人将此神问时时挂在心上，答案方可趋向正确。所以，精英主义的危险也就看得清楚了：淡忘了神的声音，把人智当成了终极判断——比如种种主义，种种科学理想、经济前景、商业策略……于是乎真理打倒真理，子弹射中子弹。

　　（唉，我可能真是个悲观论者。你呢？你是相信浮士德可以永远走下去呢，还是相信他既可以停下脚步，又不会把灵魂输给魔鬼？）

　　有些真理是自明的。比如说，有没有爱情？有没有灵魂？有没有正义？有没有终极价值？一俟这样的问题被提出，回答就是肯定的，含义就是自明的。因为，如果你说没有，那么没有的是什么呢？这个"没有"，最多是指在周围的现实中你没能看到它，而绝不是说它在你心中并不存在。证明是：你一定能说出它是什么，否则你不能说它没有。就在你知道它是什么的时候，它诞生了，并且从此不死。最近我看了一篇别人谈论《理想国》的文章，其中说道：所以柏拉图认为"学习就是回忆"，就是因为，那绝对的神音早就存在于我们心中，只不过在后来的现实生活中让我们给忘记了，或是被那"知识树的果实"给搅乱了。

我想，凡属神说的真理（并不很多），都是绝对的，惟一的；而人说的真理（很多很多），则需细细分析。但无论怎样的人说，都要受到神说的最后检验；倘若失去这绝对的检验，法律便也失去了根据。

但是，最大的问题还是：神是什么？这大概就是个需要永远地问，并永远地答的问题；而如此之永恒的问答，才是谛听神命的方式，或接近神愿的路径吧。（其实神是什么？神在哪儿？先哲们早都说过了，只可惜现今的人们没工夫去听。）要我说，现而今最要强调的，是神的三个特点：（1）神（的完美）与人（的残缺）有着永恒的距离。（2）人必须接受的那个神，是那个世间万物的创造者（因）；而能够拯救人的那个神，是那个人之幸福观的扭转者。（3）即便后者，也不包办人的福乐，不迎合人欲，只给人指出一条完善心魂的无穷路。

你可能已经注意到了，除第一节外，我不说佛教，也不说基督教。因为正如你信中所说的，"每个宗教都发展了几千年，博大精深，你一辈子皓首穷经也未必能吃透"，所以我不敢说。但不敢说不等于没有想法。事实上，众多自以为信着某宗教的人，也未必都是在吃透了它的"博大精深"之后才信的。这就引出了一个"源和流"的问题，或说是"理论与实践"的问题。我想，每一宗教的源头，都必有其博大的关注与精深的学问，但要紧的还是看其流脉，看其信众于千百年中对它的理解之主流是什么。就好比据其流域的灌溉效果，来判断一条河渠的优势与弱点，惟此，或才有"发展"与"焕然一新"的可能。

近日读一篇西人谈佛教的文章，文中有这样一段话："……但是佛教与基督教之间最重要的区别也许表现在另一方面，对佛教的批评性研究刚刚起步，仅从数量上看……它们之间的数量比大概是一千比一，数量上存在的悬殊差别肯定会影响质量。"对此我深有同感（虽然我不曾统计），不断的言说或研究，对于一种宗教或信仰的完善是非常重要的；尤其因为有了一代代大师的引领，那流脉才可能趋向升华，一旦断流，现实的功利之风便会扭曲精神的方向。

以我的学浅才疏来看，佛教更侧重对宇宙本原的思问——即那位创世神是怎样的。所以，很多物理学方面的文章更愿意引用佛家（及道家）的理论，称之为"东方神秘主义"。（有本很有影响的书，题目就叫《现代物理学和东方神秘主义》。）依我看，这是佛教比之其他宗教"更加究竟"的地方。（最近我又看了一本从物理学角度谈论灵魂的书：《精神的宇宙》。你若有兴趣，让希米寄给你。）但是，最让我不解的是，既对宇宙的本原和存在的本质有着透彻的认识，何以会相信有一个"无苦无忧"的去处（所在或终点）呢？是呀，"无苦无忧"岂非无矛盾的境界？毫无矛盾岂不就是一切的结束？而一切的结束不正是彻底的虚无嘛，怎么又会是有的呢？

《精神的宇宙》谈到了"绝对的真空"（即宇宙创生之前和坍塌殆尽之后的状态吧）。我理解，"绝对的真空"（或彻底的虚无）必是一种"势"，绝对的"势"，即再次成为"有"的无限可能性。（所谓"大爆炸"的"奇点"，就指这个吧？）这明显应和了佛家的轮回说。但让我百思不解的仍然是，既是"有"的无限轮回，又怎么可能是"无苦无忧"的无矛盾境界?(那"奇点"只是一刹那呀!)以我的能力来看,大凡"有"者("存在"者,或能够意识到存在的"存在者")必都是有限之物,既为有限,便不会是"无苦无忧"。

是呀是呀,我所以百思不解,很可能还是因为,那无限的神秘乃是人的有限智力所不可企及的。但这样就又出来一个问题:谁来掌管这神秘之门的钥匙?或者:谁有资格来解说这神秘的意图?很明显,这事万万不可由人来说;尤其,如若有人自称拿到了神秘之门的钥匙,大家就更要提防他。那么,终归由谁来说呢(总不见得人人都摩西吧)?就由那神秘自己来说吧。即:由一切无能掌管神秘之门钥匙的众生去谛听那自明的真理吧,由确认无能破解造物主之奥秘的心魂去谛听那救世主的心愿吧,那才是绝对的。而在此前,和此外,救世主尚未诞生。而在我们——这些并不指有神秘之门钥匙的人——听见救世之音,从而扭转了我们的幸福观之前和之外,也便没有任何获救的方便之门。

佛教的另一优势,是疗慰人的心灵创痛,或解脱心理负担。依我看,再没有比佛家/教/学更好的心理医生了,所有的西医的心理疗法都不能与之相比。因为一切心理伤病,大多源于此世纷争。而佛家,是从根本上轻看此世的,是期待往生的,即修到那一处美满圆融的地方去。放弃此世之纷争,便脱离了此世的困苦,或要脱离此世的困苦,必得放弃此世之纷争。希望呢?便更多地朝向一个虚拟的"来世"。一般来说这也不错,用一份跨世的酬报来教人多行善事,当然也不坏。但这便留下了一个巨大的疑问,即那"来世"的有无。就算它有吧,可谁又能担保那儿一定是完美圆融?你不能担保,我凭什么信你?你能担保,那请问你是谁?除非你就是神。

于是，就又涉及神秘之门的钥匙了；无形中就又鼓励了强人，去谋篡神权。根本的问题在哪儿？我想还是在于认错了庙门——把造物主认作了救世主，而后不是仰畏苍天去扭转人性，倒是千方百计地要篡改神性了。

你注意到没有，一种是期待着"上天堂"，即去那"无苦无忧"的圆融之地，另一种则是祈祷着圣灵在这困苦频仍的人世间——尤其是自己的心中——降临。我不说佛也不说基督，我只说，大凡信仰无非这两个方向。这一上一下，颇值得思量。或是相信着苦难可以灭绝，或是如一位俄国诗人所言：我们向上帝要求的只有两件事——给我们智慧和力量。

我又想，大凡信仰，无不出于两种绝望：一种是现实的，现世的，或曰形而下的；一种是永恒的，绝对的，或曰形而上的。

有人（我忘记是在哪本书中）说过：东方信仰所以更多地期待来世，主要是因为（或囿于）现世的绝望，即现实中自由的严重缺乏，使人看不到改变此世命运的可能，所以靠着"往生"的幻景来铺垫信心，靠着压抑愿望来消解苦闷和焦虑。对于东方信仰之趋向的这一解说，我想还是有些道理的。不过究其实，东方信仰的源头，应该也不缺乏形而上绝望——即生命之苦的绝对性，所谓"生即是苦，苦即是生"嘛。但怪就怪在随后的推演：既然"生即是苦，苦即是生"，怎又会把"无苦无忧"的圆融之地寄望于"往生"呢？所以就再想象出"脱离六道轮回"——干脆不生。可不生就是不在，不在就是没有，这还有什么好说的吗？这干脆是不能说呀！一切信仰，都是立于有限之在，向那无限之空冥求问着一条行路的，不是吗？就算你"来世"生而为神，修而为佛，但只要在，就是有限，所以上帝（救世主）也是苦弱的。只有那个创世神是全能的，是呀，它创造了这宇宙的一切可能（当然你叫它"大爆炸"也可以）。但就是这位全能的创世神也差着一项能耐：它不能把非全能的人（包括六道之内与之外的在），变成全能的它自己，因而它也就不能救世救人。倒是那位苦弱的救世主想出了一个办法，可以应对那冷漠的全能与全在，即以他那份永恒的、不分国族、不分宗派的爱愿，在这同样是永恒的、造物主的领地上开拓出一条美善之路。我不知道这可不可能，但信仰从来就是"看不见而信"的。

没想到写了这么多。其实这主要是为我自己写的，早就想把此类的问题理一理。你的信正好触到了我的很多迷惑，用笔想比单用脑袋想来得清楚——就像小学生，默写总比背书来得有效。所谓清楚，也只是对我自己，实际（比如你看着）却未必，因为实际肯定会有很多毛病和错误。说了归齐我是个业余的，干什么都是业余的，只有生病是专业的。我想只要把问题弄明白了就好。或者明白了"这是弄不明白的"也好。确实，我觉得信仰问题是特别需要讨论的（只可惜愿意讨论的人不多），或者说，信仰恰是在不断地言说中长大的。

春节将临，祝狗年好运！

史铁生

〇六年一月五日

给王克明[1]

克明：你好！

　　来信收到，我从不上网，是希米下载给我看的。我精力原本不济，加之透析，有效时间就更少。所议之事甚好，但一因我实在无力相助，二是徒挂虚名的事是我最不愿意的事，就不加入你们的编委会了，还请各位谅解。

　　说一点儿我的想法吧。你说"从人性入手，从心理入手，但直指'文革'，直指制度"。后两条恐怕不易，最多擦边，很难说透。好在前两条我看更是重要，是问题的根本。比如说民主，民主的根本并不是制度，而是文化，惟民主精神文而化之，渗透到人们的道德习俗中去，民主制度才可能立于不败。否则"秀才遇见兵，有理说不清"。忏悔精神也是这样，并不与制度直接相关，倒是它潜移默化地影响着制度。设若把一切都说成是时代使然、制度使然，人倒容易推卸责任了。……忏悔精神所牵连的一系列道德信念，究其

---

❶ 王克明：友人，文化学者。——编者注

根由，未必不是民主精神的基础之一。比如，惟因是"天赋人权"而非"君权神授"，这才可能有"在法律面前人人平等"。而忏悔，从来是人与上帝（或信仰）的直接对话，不可有中介染指。忏悔，不仅使人能够反省自己的罪与恶，还能够使人独立，变官本位社会为人本位社会，这才能有民主与法制，或民主与法制才有了根基。中国文化中从来缺少这一点，所以《我们忏悔》实在是响亮的名字。所谓"话语霸权"，倒还不是指不让谁说话，而是让你不知不觉中跟着他说。比如"你要忏悔"，就是根深蒂固的君权遗风。

图图❶的书《没有宽恕就没有未来》，其中谈到南非是怎么处理大量遗留仇恨的，从中可见，宗教起着多么大的作用。所以我想，侧重"从人性入手，从心理入手"，从信仰入手，不仅可以做成，而且可以更好。

如有符合这本书之选题的文章，我会推荐给你。

史铁生

○八年四月二十九日

---

❶ 图图：德斯蒙德·图图（Desmond Tutu），南非前大主教，被广泛认为是"南非的道德良心"。——编者注